Pascal Nsongui Peg

Lumière sur la Vierge Marie mère de Jésus de Nazareth

Pascal Nsongui Peg

Lumière sur la Vierge Marie mère de Jésus de Nazareth

Tu connaitras la vérité et elle t'affranchira!

Éditions Croix du Salut

Impressum / Mentions légales
Bibliografische Information der Deutschen Nationalbibliothek: Die Deutsche Nationalbibliothek verzeichnet diese Publikation in der Deutschen Nationalbibliografie; detaillierte bibliografische Daten sind im Internet über http://dnb.d-nb.de abrufbar.
Alle in diesem Buch genannten Marken und Produktnamen unterliegen warenzeichen-, marken- oder patentrechtlichem Schutz bzw. sind Warenzeichen oder eingetragene Warenzeichen der jeweiligen Inhaber. Die Wiedergabe von Marken, Produktnamen, Gebrauchsnamen, Handelsnamen, Warenbezeichnungen u.s.w. in diesem Werk berechtigt auch ohne besondere Kennzeichnung nicht zu der Annahme, dass solche Namen im Sinne der Warenzeichen- und Markenschutzgesetzgebung als frei zu betrachten wären und daher von jedermann benutzt werden dürften.

Information bibliographique publiée par la Deutsche Nationalbibliothek: La Deutsche Nationalbibliothek inscrit cette publication à la Deutsche Nationalbibliografie; des données bibliographiques détaillées sont disponibles sur internet à l'adresse http://dnb.d-nb.de.
Toutes marques et noms de produits mentionnés dans ce livre demeurent sous la protection des marques, des marques déposées et des brevets, et sont des marques ou des marques déposées de leurs détenteurs respectifs. L'utilisation des marques, noms de produits, noms communs, noms commerciaux, descriptions de produits, etc, même sans qu'ils soient mentionnés de façon particulière dans ce livre ne signifie en aucune façon que ces noms peuvent être utilisés sans restriction à l'égard de la législation pour la protection des marques et des marques déposées et pourraient donc être utilisés par quiconque.

Coverbild / Photo de couverture: www.ingimage.com

Verlag / Editeur:
Éditions Croix du Salut
ist ein Imprint der / est une marque déposée de
OmniScriptum GmbH & Co. KG
Heinrich-Böcking-Str. 6-8, 66121 Saarbrücken, Deutschland / Allemagne
Email: info@editions-croix.com

Herstellung: siehe letzte Seite /
Impression: voir la dernière page
ISBN: 978-3-8416-9944-2

Copyright / Droit d'auteur © 2015 OmniScriptum GmbH & Co. KG
Alle Rechte vorbehalten. / Tous droits réservés. Saarbrücken 2015

Lumière sur la Vierge Marie
Mère de Jésus de Nazareth

Lumière sur la Vierge Marie mère de Jésus de Nazareth

Par Pascal N. PEG
Lumière sur la Vierge Marie

Lumière sur la Vierge Marie mère de Jésus de Nazareth

Tous les passages cités sont tirés de la Bible de Jérusalem et de la Bible de Louis Segond

DEDICACE

Je dédie ce livre à la Très Sainte Trinité, qui m'a inspiré et révélé la personne de la très Sainte Vierge Marie, à tous les dévots de la mère de mon Seigneur et sauveur dans le monde entier et au peuple de Dieu qui trouvera aide, réconfort et soulagement via les enseignements et les prières qui sont dans ce livre.

Lumière sur la Vierge Marie mère de Jésus de Nazareth

NOTE DE L'AUTEUR

Tout ce que je raconte ici, n'ajoute rien et ne retire rien à ce qu'est la Vierge Marie. Elle n'a jamais cherché à se faire connaitre, mais à faire connaitre celui qui est né d'elle, le Seigneur et Sauveur Jésus-Christ. Elle se révèle au monde pour lui faire prendre conscience de son égarement et l'exhorter à revenir à Dieu son créateur. Comme l'a fait par le passé le prophète Elie et Jean le Baptiste, elle vient préparer les cœurs au second avènement de son Fils Jésus-Christ, préparer le terrain pour la victoire de la lumière sur les ténèbres, de la vie sur la mort et faire entrer les élus dans le Royaume de cieux.

Si elle désire se faire connaitre aujourd'hui, c'est aussi pour qu'elle cesse d'être une occasion de chute pour certains et un sujet de division pour d'autres. Regardons la vérité en face et cessons de juger, de profaner et de combattre la mère bénie et chérie de notre Seigneur Jésus, mère de la nouvelle humanité. Ce livre nous donne donc la possibilité de connaitre qui est Marie. Prenez connaissance de la vérité et qu'elle vous libère.

Marie, la mère de Dieu est avec nous et non contre nous, elle est un don pour l'humanité, il suffit de la découvrir et la connaitre. Septiques, curieux et dévoués de la Vierge Marie, ce livre est pour vous. Vous y trouverez biens de choses révélées et inspirées sur la vénérable maman du Seigneur. Lisez-le, et faites lire. Quant à moi je prie pour que le Seigneur ouvre les yeux de vos cœurs.

Bonne lecture.

Lumière sur la Vierge Marie mère de Jésus de Nazareth

MARIE LE GRAND MYSTERE DE L'HUMANITE

Annonciation : Luc1 :26-38

L'Ange envoyé par Dieu dit à Marie : « Réjouis-toi, comblée de grâce », même à Moïse, il n'a pas été dit ces mots; Mais plutôt *« Tu as trouvé grâce à mes yeux »*. Et Moïse fut investi d'une grande mission, celle de sortir le peuple de Dieu d'Egypte pour la terre promise. Marie elle conduira le peuple de Dieu au Règne de Dieu. Marie est plus que Moise.

MISSION DE MARIE

« *Le Seigneur est avec toi* », ceci signifie que partout où était Marie, Dieu y était aussi. Ainsi la présence de Marie implique forcement la présence de Dieu. Au cénacle les disciples priaient, invoquaient Dieu, mais oubliaient de se retourner vers Marie, pour invoquer Dieu car la présence de Dieu était avec Marie, donc Dieu était présent au milieu d'eux par la simple présence de Marie.

« *A cette parole elle fut troublée* ». Quel est l'homme qui peut entendre de telles paroles de la part d'un ange et rester égal à lui-même ? D'autres auraient crié de joie, bénissant le Seigneur, mais Marie est restée humble et réservée, et elle se met à méditer en se demandant ce que signifiait cette salutation qu'elle venait d'entendre. Marie ne tremble pas devant l'ange, son comportement laisse entendre qu'elle, ne voyait pas un ange pour la première fois de sa vie et qu'elle vivait déjà une relation particulière avec Dieu. Elle fut seulement troublée, preuve que cette fois-là, elle entendait un discours nouveau.

L'ange lui dit : « *Sois sans crainte Marie...* ». La crainte de Marie, n'avait donc rien à voir avec la présence de l'ange mais plus tôt avec le message ou la révélation qu'elle venait de recevoir de la part de l'ange.

L'ange qui apparut à Marie était le même qui apparut à Zacharie six mois plus tôt (Luc1 :11). Zacharie lorsqu'il recevait sa bonne nouvelle demanda à l'ange « *A quoi reconnaîtrai-je cela ? Car je suis vieux et ma femme est avancée en âge.* » Luc 1 :18. Et en réponse l'ange le rendit muet jusqu'au jour où la prophétie s'était réalisée. Luc 1 : 20. Pourtant la Bible nous dit Que Zacharie était irréprochable devant Dieu. Luc 1 : 6. Voici une preuve que Marie est plus que spéciale pour Dieu puisque elle aussi posa la question à l'ange de savoir : « *comment cela va-t-il se faire, puisque je suis vierge ?* » Luc1 : 34. Mais au lieu de la frapper comme avec Zacharie, l'ange s'expliqua. Luc 1 :35.

L'ange lui répondit : « *L'Esprit Saint viendra sur toi, et la puissance du Très Haut te prendra sous son ombre* ». On venait de lui dire que le Seigneur est avec elle, et maintenant l'Esprit de Dieu viendra sur elle et en plénitude puisque Dieu est avec elle, et comme ci cela ne suffisait pas, voilà que la puissance du Très Haut la prendra sous son ombre. En somme, c'est Dieu dans sa plénitude qui descend sur Marie et l'investit totalement. De la Genèse à l'Apocalypse, personne d'autre ne vivra cela. C'est la preuve par quatre que Marie est une personne à part, une exception, un être qui possède Dieu et que Dieu possède. Comment comprendre que cela soit possible si Marie n'était pas parfaite, sans péché, sans tâche ? Marie devient donc en ce moment, le point focal de l'humanité entière, elle devient la bouche de Dieu. Bouche de Dieu, parce que l'être Saint qui naitra d'elle sera appelé Fils de Dieu. Ce Fils de Dieu qui au commencement était le verbe et le verbe était Dieu. Le verbe sort de la bouche de Dieu, par l'aide de l'haleine (Esprit-Saint) et désormais tous ces éléments sont présents en Marie, reste maintenant que le verbe sorte. Marie devient donc la première personne à porter en elle le Père, le Fils et le Saint-Esprit, c'est l'humanité nouvelle. On le voit donc L'Esprit-Saint ajouté à Marie, produisent, Jésus, le verbe incarné qui était au commencement avec Dieu et qui était Dieu, non pas créé mais engendré prenant donc chair, sang et os de Marie, la Sainte. Comment peut-on dire que le Sang de Jésus est précieux et penser que celui de Marie ne l'est pas ? De qui lui vient-il ce sang ? Comment peut-on penser que la chair de Jésus est sainte, et ne pas le penser de la chair de Marie ? De qui Jésus tient-il sa chair ? Et si le corps de Jésus n'a pas connu de corruption, parce qu'il est saint, est-ce celui de Marie qui allait connaitre la corruption ? Celui qui est Lumière, Vie, chemin et Vérité est arrivé au monde par Marie, le don de Dieu est entré dans le monde par Marie. C'était vrai hier, c'est vrai aujourd'hui et ce sera également vrai demain. Marie donne donc au Christ son corps et le corps du Christ c'est l'Eglise, donc Marie est par déduction l'Eglise Glorieuse du Christ. Tous les membres de l'Eglise sont donc fils de Marie avec Jésus à leurs têtes comme Chef. Le Diable le sait, c'est pourquoi furieux contre la Femme entendu ici Marie ou encore l'Eglise, fait la guerre au reste de sa descendance (ses enfants), ceux qui gardent les commandements de Dieu et possèdent le témoignage de Jésus (Ap12 : 17). Tout homme qui se retourne vers Marie pour recevoir, la lumière, la vie, la vérité, le don de Dieu et bien d'autres choses encore, les reçoit facilement ; Il suffit de l'expérimenter et il ne sera jamais déçu. Comme elle l'a fait pour l'humanité il y a plus de 2 000 ans, elle le fera pour vous aussi aujourd'hui, parce que vous êtes important et vous avez de la valeur pour Dieu.

Une des grandes qualités de Marie, c'est l'accueil. A son image ouvrons nos bras et nos cœurs comme elle l'a fait avec l'Esprit Saint, et le Seigneur.

Par son 'oui', elle a marqué une adhésion totale et sans faille au projet de Dieu.

Trouvez Marie et vous aurez trouvé Jésus, même corps, même sang et même chair. En plus les cœurs de Jésus et de Marie ont fusionné et ne font plus qu'un, battant au même rythme et chantant la même chanson d'amour pour vous (Luc2 : 33-35). Marie, fille de Sion portera en sa propre vie la destinée douloureuse de son peuple et sera avec son fils au centre de cette contradiction qui se poursuit aujourd'hui où les cœurs devront se découvrir pour ou contre Jésus. Le cœur de Marie est immaculé mais aussi sacré comme celui de son fils Jésus. Les deux cœurs étant unis, le cœur de Marie devient donc le jardin secret de Jésus, mais aussi son trésorier. Là Jésus y a déposé les secrets à venir, toutes les grâces et richesses de l'humanité.

Lumière sur la Vierge Marie mère de Jésus de Nazareth

MARIE EST NOTRE MERE A TOUS

Ce n'est un secret pour personne que Jésus aimait Jean son disciple. Jean représentait tous ceux que Jésus aime. *« Il dit à sa mère femme, voici ton fils, et fils voici ta mère »* Jn19 :26-27 et à tous ceux qu'il aime, il a donné sa mère pour qu'elle soit leur mère. Sur sa croix d'amour, Jésus lui-même établit la parenté physique entre l'homme et sa mère, parenté qui était jusque-là spirituelle. Par ce symbole fort Jésus vous dit voici Marie ma Mère que je vous donne pour qu'elle soit votre mère, prenez la chez vous comme Jean mon bien aimé l'a fait avant vous. Et à sa mère il dit : Mère voici ceux que je suis venu sauver avec tant d'amour, je te les donne, sois leurs mère comme tu es mienne. Et soyez rassurés qu'elle vous prendra dans son cœur d'amour que Jésus aime tant et vous ne manquerez de rien, acceptez-la seulement chez vous dans vos cœurs et dans vos maisons. Je tiens aussi à rappeler que cet acte filial que Jésus établit lui-même sur sa croix d'amour est sa dernière volonté vis-à-vis des hommes, puisque avant de mourir il ne dira plus que *« j'ai soif »* Jn19 :28 et *« c'est achevé »* Jn19 :30. Les dernières volontés de Jésus avant sa mort étaient que Marie sa mère soit la mère des hommes et que les hommes la prennent comme mère. As-tu respecté sa dernière volonté ?

MARIE ET L'ESPRIT SAINT QUEL COUPLE !

Marie a une relation à la fois simple et complexe avec l'Esprit Saint. L'ange Gabriel a dit à Marie : « *Le Seigneur est avec toi...L'Esprit Saint viendra sur toi et la puissance du Très Haut te prendra sous son ombre* » Luc1 : 28-35. Ce qui signifie que Dieu était avec Marie, Il était sur elle et en elle. Cela signifie aussi que Marie a reçu l'Esprit Saint comme personne avant elle et comme personne après elle. Elle était donc le temple vivant de l'Esprit Saint sur la terre. Le couple qu'ils ont formé a fait des merveilles et continue à en faire aujourd'hui. Voici quelques exemples :

Marie, par une simple salutation et non par une imposition des mains comme le feront les disciples plus tard, a transmis l'Esprit Saint à deux grands personnages bibliques.

Elisabeth sa cousine qui poussa un grand cri, et se mit à genoux, parce qu'elle fut remplie de l'Esprit Saint quand la salutation de Marie frappa ses oreilles et elle prophétisa en disant : « *Bénie es-tu entre les femmes, et béni le fruit de ton sein, et comment m'est-il donné que vienne à moi la mère de mon Seigneur ?* » Luc1 :42-43.

Jean le Baptiste : Par la même salutation, Marie transmet aussi l'Esprit Saint à Jean le Baptiste, l'enfant qu'Elisabeth portait dans son sein, puisqu'il a tressailli d'allégresse dans son sein. Luc1 :44

Le couple, Esprit Saint et Marie, a également produit Jésus. Luc1 :31 et Jésus de dire dans Act1 :8 « *Vous allez recevoir une force, celle de l'Esprit Saint qui descendra sur vous, vous serez alors mes témoins à Jérusalem, dans toute la Judée et la Samarie, et jusqu'aux extrémités de la terre.* » Marie, par l'annonce de l'ange était le premier témoin de Jésus, sous l'action de l'Esprit Saint descendu en elle, la première à entrer en communication avec lui. Marie fut la première à apporter Jésus sur la terre puisqu'il est né d'elle et la première à l'amener dans le monde lors de son exil sur la terre d'Afrique. Donc le couple Marie et Esprit Saint était le premier à apporter Jésus au monde et dans le monde. Il continue à l'amener aujourd'hui jusqu'aux extrémités de la terre.

Les disciples priaient jour et nuit au cénacle dans l'attente de l'Esprit Saint qu'avait promis Jésus. Mais ce que le monde ignore, c'est que comme l'attente se faisait longue, les disciples se sont retournés vers Marie en disant, prie ton fils le maître pour qu'il nous envoie son Esprit Saint, cette force dont il nous a promis. L'Esprit Saint était déjà au milieu d'eux par la présence de Marie et en Marie, il a seulement fallu que Marie intercède pour eux et c'était la pentecôte avec tous les signes et miracles qui ont suivi tel que décrit dans la Bible.

    Sachez donc que si vous avez Marie, vous avez forcement l'Esprit Saint car qui a l'épouse a l'époux et l'époux n'a jamais quitté l'épouse. Si tu as les deux, Jésus naitra en toi. Marie est la fille du Père qui est avec elle, (Le Seigneur est avec toi) Luc1 :28, elle est aussi l'épouse de l'Esprit Saint et la mère de Jésus. La Très Sainte Trinité en une seule personne, en puissance et en plénitude se trouve en Marie. Il fallait que Jean décroisse et que Jésus croisse, Jn3 :30, mais Marie, elle est restée humble et effacée (Luc1 :48), elle est restée dans le silence et méditait tout dans son cœur (Luc3 :51).

Lumière sur la Vierge Marie mère de Jésus de Nazareth

LA DEVOTION A LA SAINTE VIERGE MARIE

Lorsque fut venu le temps pour Marie de quitter ce monde, elle mourut comme tout homme doit mourir un jour et comme Jésus lui aussi était mort avant de ressusciter des morts. Mais le corps saint et immaculé de Marie, qui était le temple par excellence de la Sainte Trinité sur la terre ne pouvait pas connaitre la corruption du tombeau, puisque elle-même n'avait connu aucune corruption. Donc elle fut enlevée corps

et âme aux cieux près de son Glorieux fils Jésus-Christ. Nous nous souvenons que Jésus avait déjà vaincu la mort par sa résurrection et que Marie n'a pas connu la corruption du péché, c'est donc pourquoi la formule *« poussière tu es, et poussière tu retourneras »* ne pouvait pas s'appliquer à Marie. L'intéressant aujourd'hui c'est que Marie a le pouvoir de faire échapper qui elle veut de la corruption du tombeau. Un récit pour illustrer ce qu'on vient de dire, c'est l'histoire d'une sainte femme, la sainte du silence, Catherine Labouré née le 2 Mai 1806. Elle a eu la grâce d'aller à la rencontre de la Sainte Vierge Marie, alors qu'elle était toute jeune. L'ange la conduisit à Marie dans la Chapelle de la Médaille Miraculeuse à la Rue du bac à Paris, le 19 Juillet 1830 pour la première fois. Elle trouva la Sainte Vierge assise, elle se mit à genoux et posa ses deux bras sur les genoux de la Sainte Vierge.

Pendant la période qu'elle voyait et rencontrait la Sainte Vierge, la plante de ses pieds ne touchait pas le sol lorsqu'elle marchait. Catherine Labouré garda le silence sur tous ces événements d'où l'appellation de la Sainte du silence. Catherine mourut le 31 Décembre 1876 et fut enterrée loin de la Chapelle des apparitions dans le caveau de la chapelle de Reuilly. En 1933, elle fut béatifiée et en exhumant son corps on constata qu'il est resté intact, ses yeux étant ouverts et ayant gardé leur couleur bleue. Il fut donc décidé de ramener sa dépouille là où tout a commencé, à la Chapelle de la Médaille Miraculeuse. Son corps y est exposé jusqu'à ce jour.

Lorsque la mère du Seigneur arriva au Paradis, c'était avec son corps et son âme. Elle fut accueillie et acclamée par tous les habitants du Paradis et par son fils. S'en suivie alors une très grande cérémonie où Marie la Très Sainte fut couronnée par son fils le Seigneur des seigneurs, le Roi des rois. Ensuite Il se prosterna devant sa Très Sainte Mère, et tous les habitants du Paradis firent pareil. Dès cet instant, Marie prit la place qui lui avait été préparée avant la création du monde, celle de Reine mère, de Co-rédemptrice.

Pour que nous comprenions bien, je prendrai cet exemple pour mieux illustre ce que je dis :

Dans un royaume, comment s'appelle la mère du roi ? La Reine mère bien sûr. Ce nom n'est pas vraiment attaché à une fonction administrative précise, n'empêche qu'elle jouit pratiquement des mêmes avantages que le Roi. Elle peut intervenir à plusieurs niveaux de la vie du royaume et influencer plusieurs décisions, soit en touchant le roi son fils directement, soit en passant par n'importe qui sous les ordres du roi. Donc la Reine obtient toujours pratiquement ce qu'elle demande à son fils le Roi. C'est donc un puissant intercesseur et allié qu'il vaut mieux avoir de son côté. Qu'en sera-t-il de Marie, la Reine mère du Paradis ? Puisque son fils n'est pas seulement Roi des rois, il est aussi Dieu. Imaginez alors ce qu'elle pourrait vous obtenir sachant que Jésus ne sait rien lui refuser. Si vous disposez de quelques moyens ou d'un quelconque pouvoir et que votre mère que vous aimez se présente à vous avec un nécessiteux, et qu'il est en votre pouvoir de l'aider, qu'allez-vous faire ? Si vous pouvez répondre à cette question, vous comprendriez alors ce qui se passe entre Jésus et Marie sa mère, et la dévotion à Marie naitra et grandira en vous.

    S'il est vrai que le chemin pour aller au Père passe par le fils, il est également vrai que le chemin le plus court et rapide pour aller au fils c'est Marie sa mère. Demandez donc à Jésus par Marie, et au nom de Marie, sa sainte mère qui lui a donné naissance et vous verrez et vous témoignerez. Ceux qui l'ont compris et qui ont eu une grande dévotion à la Sainte Vierge, sont devenus les plus grands Saints de l'Eglise.

    L'Eglise elle-même donne une place de choix à Marie et demande de la vénérer, de la prier, de demander son intercession, son assistance, de la louer et Dieu seul sait combien des chants à Marie il y en a et combien ils sont beaux. Selon l'Eglise il ne faut pas adorer Marie, mais la vénérer. Quand je consulte mon dictionnaire, je n'arrive pas à faire un réel distinguo entre le verbe adorer et le verbe vénérer. Je vous invite à chercher. Quant à moi j'adore Marie mais pas au même titre que Dieu, puisque qu'elle n'est pas Dieu et elle n'a rien créé. L'adoration à Marie est destinée à glorifier Dieu celui qui l'a faite. Ce fut le cas avec Josué et Daniel.

Josué est tombé face contre terre devant le chef de l'armée de Yahvé et il l'adora (Jos5 :14) et Daniel quant à lui est tombé face contre terre devant l'ange Gabriel et il s'évanouit (Dn8 : 17-18). Tomber face contre terre comme l'ont fait ces deux grands personnages bibliques, est un signe parfait d'adoration. On peut remarquer dans l'annonciation que Marie n'est pas tombée face contre terre devant l'ange Gabriel. Josué et Daniel se sont retrouvés en présence des êtres puissants qui sont venus à eux de la part de Dieu, soit pour les aider, les secourir, leur porter un message ou leur montrer les choses à venir. La présence de ces divinités les contraignait à tomber face contre terre et de les adorer. De retour de leurs missions sur terre, ces anges ne garderont pas ces adorations pour eux comme le fit jadis un des leurs aujourd'hui déchu, ils les porteront à Dieu car Lui seul est digne d'adoration.

Cependant si les grands hommes de Dieu l'ont fait avec des serviteurs de Dieu, pourquoi ne pas le faire aujourd'hui avec la Servante du Seigneur, la Reine mère, la Co-rédemptrice ? Marie est aujourd'hui 'l'envoyé spécial' de son fils sur terre, elle apparaît ici et là et parfois des jours durant avec la puissance de Dieu, pour porter au monde et à l'humanité des enseignements et des messages nouveaux de la part de Dieu. C'est pourquoi il faut créer en ces lieux d'apparitions de la Sainte Vierge des autels où on viendra la vénérer ou l'adorer comme vous voulez, à l'instar de ce que firent Jacob et autres patriarches bibliques. Dieu est resté le même hier et aujourd'hui, et il sera encore le même demain. Il n'a pas changé, c'est l'homme qui change sans cesse.

Voici une **prière** que je te propose :
NB : A votre convenance vous pouvez remplacer, le « je t'adore par je te vénère ».

Je te prie, je te loue et je t'adore Marie parce que le Seigneur est avec toi.

Je te prie, je te loue et je t'adore Marie, parce que tu as trouvé grâce auprès de Dieu.

Je te prie, je te loue et je t'adore Marie, parce que l'Esprit Saint t'a couvert.

Je te prie, je te loue et je t'adore Marie, parce que la puissance du Très Haut t'a prise sous son ombre.

Je te prie, je te loue et je t'adore Marie, parce que le soleil t'enveloppe, la lune est sous tes pieds et parce que douze étoiles couronnent ta tête.

Je te prie, je te loue et je t'adore Marie, parce que le Verbe s'est incarné en toi.

Je te prie, je te loue et je t'adore Marie, parce que tu as donné au Verbe ton corps et ton sang.

Je te prie, je te loue et je t'adore Marie, parce que le Verbe est venu au monde par toi.

Je te prie, je te loue et je t'adore Marie, à cause de ta conception Immaculée.

Je te prie, je te loue et je t'adore Marie, parce que le Rédempteur a fait de toi notre mère sur la croix.

Je te prie, je te loue et je t'adore Marie, parce que le Rédempteur a fait de nous tes enfants sur la croix.

Je te prie, je te loue et je t'adore Marie, parce que tu habites corps et âme dans la clarté supérieure au Paradis.

Je te prie, je te loue et je t'adore Marie, parce que tu ne cesses de prier et d'intercéder pour nous.

Je te prie, je te loue et je t'adore Marie, pour le rôle que tu as joué et que tu joues encore dans les plans de Dieu aujourd'hui.

J'adore Dieu ton fils que tu nous as donné pour relever le monde de ses ruines et l'humanité de sa chute.

J'adore Dieu l'Esprit Saint qui a élu domicile en toi dans ton corps.

J'adore Dieu le Père qui a fait de toi une créature à part.

J'adore le Père, le Fils et l'Esprit Saint qui t'ont utilisé et qui t'utilisent encore pour notre salut.

J'adore Dieu pour le mystère que tu es.

J'adore Dieu pour le cadeau que tu es pour l'humanité.

Lumière sur la Vierge Marie mère de Jésus de Nazareth

Je vous salue Marie des soldats de Marie 'Pascal PEG'

Je vous salue Marie, recouverte de l'Esprit Saint et comblée de grâces, le Seigneur est en toi et avec toi. De toute l'humanité tu es bénie et Jésus le fruit de tes entrailles est vrai homme et vrai Dieu.

Très Sainte Vierge Marie, mère de Dieu et notre mère, priez pour notre salut et relevez le monde et l'humanité entière de sa ruine. Amen.

Lumière sur la Vierge Marie mère de Jésus de Nazareth

POLEMIQUE AUTOUR DE LA SAINTE VIERGE MARIE

La vraie parenté de jésus (Mt12 :46-50)

« *Comme il parlait encore, on vient l'interrompre pour lui dire que sa mère et ses frères se tenaient dehors, cherchant à lui parler* ». Le ciel et la terre passeront, mais la Parole de Dieu ne passera jamais. Car au commencement était le Verbe et le Verbe était avec Dieu et le Verbe était Dieu (Jn1 :1). Donc, quand Jésus parle, c'est Dieu qui parle et sa Parole est vie, elle est vérité, elle libère, guérit et affranchit. Quand Dieu parle au ciel toutes activités s'arrêtent et tous écoutent. Même quand l'Evangile est proclamé, tout le monde est debout et le silence est recommandé. Donc l'homme qui vient interrompre Jésus croyait bien faire en lui annonçant que sa famille était là. Et Jésus de lui répondre dans une sainte colère « *Qui est ma mère, qui sont mes frères ?* » Comme pour dire que la Parole de Dieu qui sort ne peut être ni arrêtée, ni interrompue par quoi que ce soit. Comme pour dire que rien ne peut retarder ou empêcher sa mission qui est de dire la bonne nouvelle, Jésus dit aussi « *pourquoi me cherchiez-vous ? Ne savez-vous pas que je dois être aux affaires de mon Père ?* » Pour marquer l'importance de la mission, de la prédication. Par cette déclaration, « *Marie tu t'inquiètes pour bien peu de choses, c'est Marthe qui a choisi la plus grande part* », Jésus établit la primauté de la nourriture spirituelle (la Parole) sur les choses du monde (ici le repas qu'on apprête). Il faut écouter et faire la volonté de Dieu. Car quiconque fait la volonté de Dieu, c'est-à-dire qui écoute, met en pratique sa parole et garde son commandement, est son frère, sa sœur et sa famille. **Luc11 : 27-28** le montre bien : *Comme Jésus était en train de parler, une femme éleva la voix au milieu de la foule pour lui dire* : « Heureuse la mère qui t'a porté dans ses entrailles, et qui t'a nourri de son lait ! » *Alors Jésus lui déclara* : « Heureux plutôt ceux qui entendent la parole de Dieu, et qui la gardent ! ». Jésus ne veut donc pas que la parenté charnelle prenne le dessus sur la parenté spirituelle. « *Oui de son sein elle m'a nourrit, dans ses entrailles elle m'a porté, mais avant tout, elle a dit OUI au Père, au Fils et au Saint Esprit ; ensuite, elle m'a écouté avant je ne vienne dans ses entrailles, pendant que j'étais dans ses entrailles et après que je sois sorti de ses entrailles ; et enfin elle méditait tout* *ce que je lui disais dans son cœur et les mettait en pratique tous les jours de sa vie »*Jésus. **Toutefois,** comme aux noces de Cana, Jésus qui ne sait rien refuser à sa Sainte Mère finit par y aller.

Je parle de cette histoire parce qu'elle prête à confusion et les ennemis de l'Eglise l'utilisent souvent pour dire que Jésus a renié publiquement Marie et que Marie aurait eu d'autres enfants après Jésus. Sachez donc que Jésus donne ici une leçon au monde à savoir ne pas arrêter ou interrompre la Parole quelque soit la raison, Dieu est dans sa Parole, et sa Parole est vérité et vie ; en plus tout passera et la Parole demeurera. Ce qui veut dire que la Parole est et elle est Dieu, Dieu est dans sa Parole, elle est oui et amen et Il l'honore puisque son nom. Que les hommes sachent donc que la fraternité spirituelle est plus importante que la fraternité physique qui n'est qu'éphémère et appelée à disparaitre. Marie était vierge avant la naissance de Jésus et elle est restée vierge après. Saint Joseph époux de Marie est resté chaste dans son couple. Comment Jésus aurait-il alors pu avoir des frères de sa mère Marie? Les frères dont on parle ici pourraient bien aussi être ses cousins. Qu'est ce qui fait donc polémique ? C'est le fait que les langues anciennes comme celles de l'époque de

Jésus et la plupart de nos langues maternelles aujourd'hui n'avaient pas de mots pour dire cousins, cousines ou neveux. Les liens familiaux étaient trop forts et les cousins et cousines étaient appelés frères et sœurs. Souvenez-vous que le corps de Marie n'a connu ni souillure, ni corruption. On aurait pu l'appeler Sainte Marie tout court, mais c'est Sainte Vierge Marie, parce qu'elle est restée sainte et vierge et que l'Esprit Saint est resté en œuvre en elle du commencement jusqu'à la fin. Notons aussi que Marie a été la première à écouter et à mettre en pratique la Parole de Jésus, elle l'a écoutée pendant 33 ans, sur terre et continue encore à l'écouter aujourd'hui dans les cieux. Marie est donc la Mère, la première servante et le premier disciple de Jésus.

Jésus a-t' il eut des frères et sœurs ?

Des biblistes ont deux théories montrant que Jésus aurait eu des frères et sœurs.
La première est que Jésus serait le premier né de Joseph, ceci l'autorise à hériter de la royauté davidique d'après 2 Samuel 7 :12,13 qui dit «*12 Quand tes jours seront accomplis et que tu seras couché avec tes pères, j'élèverai ta postérité après toi, celui qui sera sorti de tes entrailles, et j'affermirai son*

règne.13 Ce sera lui qui bâtira une maison à mon nom, et j'affermirai pour toujours le trône de son royaume. » Cette théorie ne tient pas debout parce qu'on peut remarquer dans la généalogie de Jésus dans Mt 1 : 1,16 que l'ainé n'est pas forcement l'héritier. Jacob héritier d'Isaac n'était pas son ainé, Juda héritier de Jacob n'était pas son ainé. On peut aussi remarquer que David était le dernier de ses frères et Salomon héritier de David le dernier de ses frères. Remarquons aussi que David et Salomon étaient fils unique à leurs mères tout comme leur héritier Jésus fils unique à sa mère Marie et que Mathieu précise bien que Salomon avait pour mère la femme d'Urie et Jésus Marie ; comme pour ressortir une particularité entre Salomon héritier de David et Jésus. En plus on peut lire dans Mt 2 : 2 *«Abraham engendra Isaac; Isaac engendra Jacob; Jacob engendra Juda et ses frères »* et dans Mt 1 :11 *« Josias engendra Jéchonias et ses frères, au temps de la déportation à Babylone »*, l'évangéliste précise bien les noms des héritiers et mentionne qu'ils avaient des frères, il aurait pu faire pareil dans Mt 1 :16 *« Jacob engendra Joseph, l'époux de Marie, de laquelle est né Jésus, qui est appelé Christ. »* si Joseph avait vraiment eu d'autres enfants avec Marie.

Lumière sur la Vierge Marie mère de Jésus de Nazareth

La deuxième s'appuie sur Mt 13 :53-56 « *53 Lorsque Jésus eut achevé ces paraboles, il partit de là. 54 S'étant rendu dans sa patrie, il enseignait dans la synagogue, de sorte que ceux qui l'entendirent étaient étonnés et disaient: D'où lui viennent cette sagesse et ces miracles? 55 N'est-ce pas le fils du charpentier? N'est-ce pas Marie qui est sa mère? Jacques, Joseph, Simon et Jude, ne sont-ils pas ses frères? 56 et ses sœurs ne sont-elles pas toutes parmi nous? D'où lui viennent donc toutes ces choses?* »

Force est de constater que l'évangéliste dans ce texte parle de Jésus et non de Marie. Il ne dit pas que Marie est la mère de Jésus, de Jacques, de Joseph, de Simon, de Jude et des sœurs dont on parle. Mais il précise très bien que Jésus et fils du charpentier (Joseph qui n'était plus en vie en ce moment-là) et de Marie. Et que Jésus avait des frères et sœurs. L'évangéliste aurait pu simplement dit : « N'est-ce pas le fils du charpentier ? N'est-ce pas le frère de Jacques, Joseph, Simon et de Jude ? Et ses sœurs ne sont-elles pas toutes parmi nous ? Marie n'est –elle pas leur mère ? Voilà une autre preuve que Marie n'était pas la mère biologique de ces autres frères de Jésus.

Lumière sur la Vierge Marie mère de Jésus de Nazareth

A L'ECOLE DE MARIE

Marie a été à l'école de Jésus pendant 33 ans, le temps qu'elle apprenne tout de lui et elle savait tout de lui. C'est parce qu'elle le connaissait si bien qu'elle pouvait se permettre de dire aux noces de Cana *« Ils n'ont plus de vin,……faites tout ce qu'il vous dira. »* Tout ce qu'elle a appris elle l'a enseigné à Jean, le disciple que Jésus aimait. Puisque Jean l'a prise chez lui et l'a acceptée dans sa vie et dans son cœur. Et c'est ce même Jean qui déclare à la fin de l'Evangile de Jésus-Christ selon saint Jean, je cite : *« S'il fallait mettre par écrit tout ce que Jésus a dit et fait, le monde lui-même ne suffirait pas à contenir les livres qu'on en écrirait »* (Jn21 :25).

Pour entrer à l'école de Marie, il faut faire comme Jean, accepter de prendre Marie dans sa vie, dans sa maison et dans son cœur. Elle qui a accepté Jésus dans son corps, dans son sein et dans sa vie t'acceptera aussi comme son fils et elle entrera dans ta vie. Ensuite sois humble et doux de cœur comme elle et son fils, calme et réservé comme elle et alors en ce moment-là tu pourras écouter sa voix te parler au fond de ton cœur. Elle te guidera, t'apportera la lumière, te parlera de Dieu, de ses mystères, et te révélera des choses cachées et à venir. Jean lui-même a voulu accéder directement à la source de toutes les grâces et de toutes les richesses en posant sa tête sur le cœur de Jésus. Ce n'est que plus tard qu'il comprendra que pour accéder à ce cœur de Jésus, il fallait d'abord passer par le cœur de Marie et seul le cœur de Marie peut puiser directement à la source pour nous, puisque étant uni à celui de Jésus. Le cœur de Marie nous apportera toutes les richesses spirituelles dont nous avons besoin, la connaissance parfaite de la volonté de Dieu et Jésus lui-même. Quand Dieu regarde l'Homme, c'est d'abord son cœur qu'il regarde, puisque c'est la demeure qu'il préfère, non pas faite des mains d'hommes mais de ses propres mains. C'est pourquoi Jésus dit que si quelqu'un l'aime et fait sa volonté, son Père et lui viendront habiter son cœur.

Etre donc à l'école de Marie, c'est disposer son cœur à recevoir Dieu le Père, Dieu le Fils et disposer son corps à recevoir Dieu l'Esprit Saint, puisque le corps est le Temple de l'Esprit Saint. C'est aussi apprendre à unir son cœur à ceux de Jésus et de Marie, afin de vibrer en phase avec eux, et qu'à la fin qu'on puisse dire avec l'Apôtre Paul que ce n'est plus toi qui vis, mais Jésus qui vit en toi.

Etre à l'école de Marie c'est de pouvoir aussi dire que je suis le serviteur ou la servante du Seigneur, qu'il me soit fait selon sa Parole ; Et accepter de ce fait sa destinée. Marie reste toujours disposée à faire la volonté divine. Elle dit oui au projet de Dieu, elle fait sienne la volonté divine contrairement à Pierre le Chef de l'Eglise qui reste dans la volonté humaine en disant à Jésus qu'il ne va pas mourir et plus tard le reniera trois fois. Pierre sait que Jésus est le Messie

(Luc9 :20), mais il voudrait que le Messie marche comme eux les disciples l'ont souhaité, en décidant où Jésus doit aller et qui il doit rencontrer, s'opposant discrètement à certaines de ses décisions, etc...

Marie quant à elle sait que Jésus est le Messie, et elle sait qu'il a une mission et se plie donc à sa volonté, n'empêchant personne à aller à Jésus, au contraire, elle les encourage, les accompagne, les aide, elle reste soumise et disposée aux enseignements, et à la volonté de son fils. Jamais elle ne cherche à lui faire ombrage ou à l'éclipser, mais n'hésite pas à prendre les devants quand il s'agit du bien et du bien-être des hommes comme aux noces de Cana.

L'histoire de l'humanité nouvelle est liée à Marie, car l'alliance nouvelle et éternelle s'est concrétisée et réalisée en elle. De même que Dieu est venu et s'est révélé au monde par Marie, de Même le Règne de Dieu arrivera et se révélera aux Hommes et dans le monde par Marie. Mais avant tout, il faut qu'elle écrase la tête de l'orgueilleux et prétentieux prince de ce monde par ses pieds. C'est sa destinée finale.

Que par ton humilité, j'écrase avec toi l'orgueil du serpent antique, et par tes mains maternelles, je ne manque de rien. Etre à l'école de Marie, c'est aussi accepter toutes les croix qu'elle voudra nous faire porter. Acceptons de la servir dans l'obéissance et la sainteté pour la gloire de Dieu, le salut des âmes et pour le Règne de Dieu.

Lumière sur la Vierge Marie mère de Jésus de Nazareth

- ➢ Le Jour de Marie : Le samedi
- ➢ Sa devise : Oui à la volonté de Dieu
- ➢ Son slogan : Qu'il me soit fait selon ta Parole

LE SAINT ROSAIRE :

Mystères, fruits et promesses.

C'est un puissant instrument de prière, qui résume l'essentiel de la vie biblique de Jésus. On peut le voir à travers les quatre mystères qui sont :

❖ *Les mystères joyeux :*

1. L'Annonciation (Lc1:26-38): L'Ange Gabriel porte l'annonce à Marie que l'Esprit-Saint viendra sur elle et que l'Etre Saint qui naîtra d'elle sera appelé Fils de Dieu. Marie accepte avec foi et humilité.
   - *Fruit du mystère:* Accepter humblement la volonté de Dieu ; humilité
2. La Visitation (Lc1 :39-45) : Marie visite sa cousine Elisabeth qui va devenir la mère de Saint Jean-Baptiste. Elle rend service à Elisabeth pendant trois mois.
   - *Fruit du mystère :* Servir et aimer son prochain: charité envers son prochain
3. La Nativité (Lc2 :1-11): Jésus-Christ naît dans une étable. Sa mère l'installe dans la crèche. Les bergers et les Mages le visitent.
   - *Fruit du mystère:* Le détachement des biens de ce monde, être joyeux dans la pauvreté évangélique

4. La présentation de Jésus au Temple (Lc2 :22-24) : Marie et Joseph vont au Temple de Jérusalem, présenter l'Enfant-Jésus à son Père du Ciel.
   - *Fruit du mystère :* l'obéissance ; la pureté du corps, du cœur et de l'esprit
5. Le recouvrement de Jésus au Temple (Lc2 :41-52) : Marie et Joseph recherchent pendant trois jours l'Enfant Jésus qu'ils ont perdu et le retrouvent au Temple.
   - *Fruit du mystère :* la grâce de ne jamais perdre Jésus et de toujours le rechercher

❖ *Les mystères lumineux*

1. Le Baptême de Jésus dans le Jourdain (Lc3 :21-22 ; Mt1 :13-17) : Jésus descend dans les eaux du Jourdain. Les cieux s'ouvrent. La voix du Père le proclame son Fils bien-aimé. L'Esprit descend sur Lui pour l'investir de la mission qui l'attend.
   - *Fruit du mystère:* l'état de grâce
2. Jésus aux noces de Cana (Jn2 :1-11) : Sur demande de sa mère, Jésus change l'eau en vin. Ceci est son premier signe.
   - *Fruit du mystère:* la confiance en la volonté de Dieu
3. Jésus annonce le Royaume de Dieu et invite à la conversion (Mc1 :14-15) : Jésus en guérissant

un paralytique, inaugure sa prédication et nous annonce l'avènement de son Royaume.
- *Fruit du mystère :* Le zèle dans l'apostolat ; l'invitation à la conversion pour accueillir le Royaume de Dieu ; la vocation universelle à la sainteté ; l'esprit missionnaire.

4. La Transfiguration (Mt17 :1-9) : Sur le Mont Thabor, la gloire de la divinité du Fils est manifestée, pendant quelques instants, à trois Apôtres. Dieu demande d'écouter son Fils bien aimé.
- *Fruit du mystère:* la contemplation

5. L'institution de l'Eucharistie (Lc22 :7-22 ; Mt26 : 17-28) : Le Christ se fait nourriture en son Corps et en son Sang sous le signe du pain et du vin. Il nous témoigne son amour infini.
- *Fruit du mystère :* une plus grande dévotion à l'Eucharistie

❖ *Les mystères douloureux*

1. L'agonie de Jésus (Mt26 :36-46 ; Mc14 :32-38) : Jésus prie au Jardin des Oliviers. La pensée de nos péchés et les souffrances qui l'attendent font transpirer le sang de sa peau.
- *Fruit du mystère :* la contrition, c'est-à-dire le regret de nos péchés

2. La flagellation (Lc 18 :31-34) : Jésus est mis à nu, attaché à la colonne et flagellé. Son corps est ensanglanté et couvert de plaies.
   - *Fruit du mystère :* la mortification de notre corps et de nos sens
3. Le couronnement d'épines (Jn 19 :2-7) : Une couronne d'épines est enfoncée dans la tête de Jésus. On se moque de lui.
   - *Fruit du mystère :* la mortification de notre esprit et de nos pensées.
4. Le portement de la croix (Mt 27 :31-33) : Jésus porte sa lourde croix jusqu'au Calvaire. Marie accompagne son Fils sur la voie douloureuse.
   - *Fruit du mystère :* Être patient et persévérant dans les épreuves
5. Crucifixion et mort de Jésus sur la Croix (Jn 19 :17-37) : Cloué à la croix, Jésus expire en présence de sa Mère, après trois heures d'agonie.
   - *Fruit du mystère :* un plus grand amour pour Jésus qui est mort pour nous sauver.

❖ *Les mystères glorieux*

1. La Résurrection (Mt 28 :1-7) : Victorieux de la mort, Jésus sort du tombeau, glorieux et immortel, au matin de Pâques. Il nous ouvre les portes du ciel.
   - *Fruit du mystère :* Croire en Jésus ressuscité ; la vie nouvelle dans la foi.

2. L'Ascension (Lc24 :50-51) : Quarante jours après sa Résurrection, Jésus monte au ciel, en présence de sa mère, de ses Apôtres, de ses disciples.
   - *Fruit du mystère :* l'espérance et le désir du Ciel
3. La Pentecôte (Ac1 :12-14; Ac2 :1-4): Dix jours après l'Ascension, l'Esprit-Saint descend, sous forme de langues de feu, sur Marie et les Apôtres.
   - *Fruit du mystère :* la descente du Saint-Esprit dans nos âmes.
4. L'Assomption: Les apôtres découvrent le tombeau de Marie vide. L'Eglise réalise que ce corps virginal qui a porté le Christ ne pouvait connaître la corruption du tombeau.
   - *Fruit du mystère :* la grâce d'une bonne mort.
5. Le couronnement de la Vierge Marie : Jésus couronne sa Mère ; la Trinité accueille Marie.
   - *Fruit du mystère:* une plus grande dévotion en Marie toute puissante.

Lumière sur la Vierge Marie mère de Jésus de Nazareth

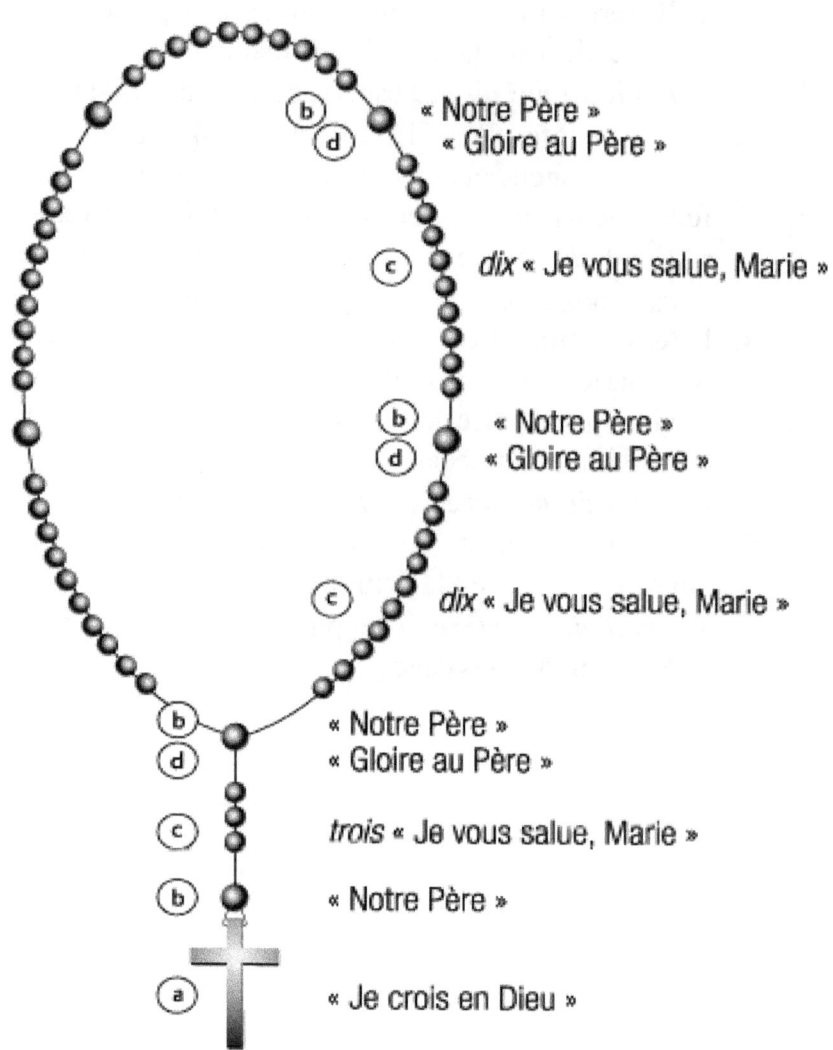

Lumière sur la Vierge Marie mère de Jésus de Nazareth

LES PROMESSES DU SAINT ROSAIRE

Le Rosaire est une prière recommandée par la Sainte Vierge Marie, prière à laquelle elle attache 15 promesses connues et approuvées à Rome en 1895. Elles sont :

1) A tous ceux qui réciteront dévotement mon Rosaire, je promets ma protection toute spéciale et de très grandes grâces.

2) Celui qui persévérera dans la récitation de mon Rosaire recevra quelques grâces signalées.

3) Le Rosaire sera une armure très puissante contre l'enfer; il détruira les vices, délivrera du péché, dissipera les hérésies.

4) Le Rosaire fera fleurir les vertus et les bonnes œuvres et obtiendra aux âmes les miséricordes divines les plus abondantes; il substituera dans les cœurs l'amour de Dieu à l'amour du monde, les élevant au désir des biens célestes et éternels. Que d'âmes se sanctifieront par ce moyen!

5) Celui qui se confie en moi par le Rosaire, ne périra pas.

6) Celui qui récitera pieusement mon Rosaire, en considérant ses mystères, ne sera pas accablé par le malheur. Pécheur, il se convertira; juste, il croîtra en grâce et deviendra digne de la vie éternelle.

7) Les vrais dévots de mon Rosaire seront aidés à leur mort par les secours du ciel.

8) Ceux qui récitent mon Rosaire trouveront pendant leur vie et à leur mort la lumière de Dieu, la plénitude de ses grâces et ils participeront aux mérites des bienheureux.
9) Je délivrerai très promptement du purgatoire les âmes dévotes à mon Rosaire.
10) Les véritables enfants de mon Rosaire jouiront d'une grande gloire dans le ciel.
11) Ce que vous demanderez par mon Rosaire, vous l'obtiendrez.
12) Ceux qui propageront mon Rosaire seront secourus par moi dans toutes leurs nécessités.
13) J'ai obtenu de mon Fils que tous les confrères du Rosaire aient pour frères, en la vie et à la mort, les saints du ciel.
14) Ceux qui récitent fidèlement mon Rosaire sont tous mes fils bien-aimés, les frères et sœurs de Jésus-Christ.
15) La dévotion à mon Rosaire est un grand signe de prédestination.
(La Sainte Vierge à Saint Dominique et au Bienheureux Alain de la Roche)

Le Rosaire est donc une arme très puissante et redoutable qui envoie les missiles dans l'Enfer et des balles puissantes sur les démons et autres forces du mal. En plus la mort ne saurait surprendre qui prie et porte le Rosaire sur lui. Faites donc bénir vos chapelets et portez-les sur vous. Tenez-les en mains comme une épée, dans vos poches comme un bouclier anti-missile et anti-balles, sur vos cous comme des jougs doux et légers des serviteurs de la Sainte Vierge et sur vos reins comme des esclaves, mais des esclaves qui refusent de s'affranchir de l'amour, de la volonté et des privilèges de la Sainte Vierge Marie.

Lorsque nous prions le Rosaire, il ne suffit pas de dire les mystères et leurs fruits, il s'agit aussi de formuler les intentions à chaque mystère. Prier de la sorte consiste à appeler la Sainte Vierge sans rien lui dire. En Priant donc le Rosaire, demandez la miséricorde de Dieu, le pardon de vos péchés véniels et mortels, la conversion des pécheurs dans le monde entier. Souvenez-vous qu'il y a plus de joie au ciel pour un pécheur qui se convertit que pour 99 justes (Mt18 :12-14) et qu'il y a encore des brebis qui ne sont pas dans l'enclos que doit mener le bon berger (Jn10 :16). Priez pour la conversion de vos familles, car chacun aura comme ennemis les membres de sa famille (Lc12 :52-53) et parce que l'ennemi est dans la maison. Priez pour que le Seigneur transforme les cœurs de pierre en cœurs de chair, qu'Il mette la paix et l'amour là où il y a la haine et la jalousie, qu'Il mette l'entente et l'amitié là où il y a la discorde. Priez aussi pour vos besoins, vos manquements, demandez la lumière dans vos entreprises, le succès et le discernement dans la pratique de vos activités.

Demandez aussi la guérison intérieure et extérieure, la délivrance et la protection contre les forces du mal, les déblocages, les bénédictions, la prospérité etc…

Priez aussi pour que la volonté de Dieu soit faite sur la terre comme au ciel (Lc11 :2) et que le Royaume de Dieu arrive sur la terre (Lc17 :20-21). Si vous y parvenez, ce sera la victoire de la lumière sur les ténèbres, de la vie sur la mort, de la vérité sur le mensonge et la corruption, ce sera l'expulsion du voleur et de l'imposteur de la propriété du maître et le retour de Jésus parmi les siens sur la terre.

Lorsque vous appelez Marie, demandez-lui en priorité de vous rapprocher de Jésus, de vous aider à fusionner vos cœurs à celui de Jésus. Cela doit être votre seul véritable désir, puisque celui qui possède le cœur de Jésus a tout. La lumière, la bénédiction et la paix seront désormais de votre côté et Jésus vous guidera en toute chose et dans tous les domaines de la vie.

Lumière sur la Vierge Marie mère de Jésus de Nazareth

QUELQUES PRIERES A LA SAINTE VIERGE MARIE

L'ave maria

Il vaut plus que tout l'Univers selon Saint Alphonse. C'est la plus belle de toutes les prières après le Pater, car le Très Haut lui-même l'utilisa par la voix de l'ange pour gagner le cœur de Marie et elle donna son consentement. Il se prie ainsi :

Je vous salue Marie, pleine de grâce, le Seigneur est avec vous. Vous êtes bénie entre toutes les femmes et Jésus le fruit de vos entrailles est béni. Sainte Marie, mère de Dieu, priez pour nous pauvres pécheurs maintenant et à l'heure de notre mort. Amen

Salve regina

Salut, Reine, Mère de miséricorde, notre vie, notre douceur, notre espérance, salut ! Vers toi nous crions, enfants d'Eve exilés, vers toi nous soupirons, gémissant et pleurant dans cette vallée de larmes.

O toi notre avocate, tourne vers nous ton regard miséricordieux et Jésus, le fruit béni de tes entrailles, montre-le nous après cet exil. O clémente, ô miséricordieuse, ô douce Vierge Marie. Amen

Souvenez-vous

Souvenez-vous, Ô Marie, qu'on a jamais entendu dire qu'aucun de ceux qui ont eu recours à votre protection, imploré votre assistance ou réclamé vos suffrages, ait été abandonné, Animé de cette confiance, Ô Vierge des vierges, Ô ma Mère, je viens à vous et gémissant sous le poids de mes péchés, je me prosterne à vos pieds. Ô Mère du Verbe incarné, ne méprisez pas mes prières, mais écoutez-les favorablement et daignez les exaucer. Amen

Prière du salut à marie

Salut ! O Marie Reine du Ciel et de la Terre, Majesté du céleste Royaume, Salut ! Beauté de tous les cœurs, Lys de la Très Sainte Trinité, Salut ! O Splendeur du matin qui, dans votre Sainte Bonté, me donnez vos yeux pour voir et me faites entendre la voix des Anges, Salut ! O Marie Médiatrice, le lien d'amour pour nous avec le Divin Cœur de votre Fils, l'Agneau du Très Puissant Dieu l'Eternel, Salut ! O Mère du Fils, l'Agneau du Tabernacle, Salut ! O Refuge de nos Ames, Salut ! O Rose céleste qui avez été choisie par le Très Haut entre toutes les roses d'ici-bas, Salut ! Je vous salue, ô Marie notre Mère ! Eclatante Rose du Matin, Salut !

Prière de Notre-Dame de tous les peuples

Seigneur Jésus-Christ, Fils du Père répands à présent Ton Esprit sur la terre.
Fais habiter l'Esprit Saint dans le cœur de tous les Peuples, afin qu'ils soient préservés de la corruption,

des calamités et de la guerre. Que la Dame de tous les Peuples, qui fut un jour Marie, soit notre Avocate.

Prière à la reine des anges

Auguste Reine des cieux, souveraine maîtresse des Anges. Vous qui, dès le commencement, avez reçu de Dieu le pouvoir et la mission d'écraser la tête de Satan, Nous vous le demandons humblement, Envoyez vos légions célestes pour que, sous vos ordres, et par votre puissance, Elles poursuivent les démons, les combattent partout, Répriment leur audace, et les refoulent dans l'abîme.

QUI EST COMME DIEU ! O bonne et tendre mère, Vous serez toujours notre Amour et notre espérance. O Divine Mère, Envoyez les Saints Anges pour nous défendre, Et repousser loin de nous le cruel ennemi. Saints Anges et Archanges, défendez-nous et gardez-nous. Amen

LA CONSECRATION AU CŒUR IMMACULE DE MARIE

Se consacrer au Cœur Immaculé de Marie, c'est accepter d'unir vos cœurs meurtris et pleins de péchés à son Cœur Immaculé plein de pureté, pour qu'il sanctifie et purifie les vôtres de leurs impuretés et dispose d'eux comme elle l'entend. C'est encore se laisser guider, accompagner et protéger par Marie.

C'est enfin faire de Marie votre chef, votre commandant, car elle vient par cette consécration changer vos vies et faire de vous des soldats de Dieu, elle qui se tient debout comme une armée rangée en bataille, tellement redoutable et redoutée de toutes les légions ennemies. Puisque son but final c'est de faire mordre la poussière au serpent antique. La Sainte Vierge recrute et elle veut constituer une armée des petits et des humbles, des pauvres, des doux et des purs de cœur pour leur donner grâce sur grâce, autorité et puissance à un tel point que le monde ne comprendra pas car ils seront élevés et très forts sur les plans spirituel et mystique. Les soldats de Marie se verront reconstruire sur les plans de la verticale et de l'horizontal ; Ils seront se faire violence dans la prière, la pénitence, le jeûne et la mortification des sens et ils recevront d'elle puissance et autorité sur les forces du mal par la consécration à son Cœur Immaculé. Il est dit que c'est par son Cœur Immaculé que les enfants de Dieu auront la victoire.

Si tu veux devenir un soldat de Marie, voici quelques prières de consécration au Cœur Immaculé de Marie :

Vous pouvez faire cette consécration le 8 Décembre jour de la fête de l'Immaculée Conception, ou lors des différentes fêtes mariales. Cela nécessite une petite préparation spirituelle pour qu'on soit sûr de comprendre la signification de l'acte qu'on veut poser ou de l'engagement qu'on va prendre. Il faudra être convaincu de son amour pour Dieu et pour la Sainte Vierge Marie. Il faut faire du Saint Rosaire sa prière favorite, se confesser régulièrement et être régulier à la Sainte Messe. Accepter de se faire l'esclave de la Sainte Vierge Marie et de se laisser utiliser par elle comme elle le voudra.

Acte de consécration au cœur immaculé de marie
(Pascal PEG)

O Vierge victorieuse et glorieuse ! Je t'ouvre mon cœur, je t'offre mon cœur et à travers mon cœur, ma vie toute entière ainsi que ma destinée pour que tu disposes d'elle entièrement pour la gloire de Dieu, le salut de mon âme et de celles qui me seront données de rencontrer, de guider ou d'aider. Je me consacre corps, âme et esprit à ton Cœur Immaculé qui est unie au Cœur Sacré de Jésus pour que je devienne pour lui un trésor, lui qui a dit : « Là où est ton trésor, là aussi sera ton cœur ». Par cet acte, je viens désormais à

Jésus par toi, priant le Saint Rosaire et revêtant ton manteau de vainqueur. Amen

Acte de consécration au cœur immaculé de marie
(Prière de Fatima)

Vierge Marie, Mère de Dieu et notre Mère, nous nous consacrons à votre Cœur Immaculé pour être pleinement offerts et consacrés au Seigneur.

Par vous, nous serons présentés au Christ, votre Fils unique et Fils unique de Dieu, et par Lui et avec Lui, à son Père Eternel.

Nous marcherons à la lumière de la foi, de l'espérance et de l'amour pour que le monde croit que le Christ est l'Envoyé du Père dont il est venu nous transmettre la Parole.

Nous serons nous aussi ses envoyés afin de le faire connaitre et aimer jusqu'aux confins de la terre.
Ainsi, sous la maternelle protection de votre Cœur Immaculé, nous serons un seul peuple avec le Christ qui nous a acquis par sa Mort, témoins de sa Résurrection, et par Lui offerts au Père pour la gloire de la Très Sainte Trinité, que nous adorons, louons et bénissons. Ainsi soit-il

Acte de consécration au cœur immaculé de marie
(Maximilien-Marie Kolbe)

O Marie, Vierge puissante et Mère de miséricorde, Reine du Ciel et refuge des pécheurs, nous nous consacrons à votre Cœur Immaculé. Nous

nous consacrons notre être et notre vie tout entière ; tout ce que nous avons, tout ce que nous aimons, tout ce que nous sommes. A vous nos corps, nos âmes. A vous nos foyers, nos familles, notre patrie. Nous voulons que tout en nous, tout autour de nous vous appartienne et participe aux bienfaits de vos bénédictions maternelles. Et pour que cette consécration soit vraiment efficace et durable, nous renouvelons aujourd'hui à vos pieds, O Marie, les promesses de notre baptême et de notre première communion. Nous nous engageons à professer courageusement et toujours les vérités de la Foi, à vivre en catholiques pleinement soumis à toutes les directions du Pape et des Evêques en communion avec lui. Nous nous engageons à observer les commandements de Dieu et de l'Eglise, et particulièrement la sanctification du Dimanche. Nous nous engageons à faire entrer dans notre vie autant qu'il nous sera possible les consolantes pratiques de la Religion chrétienne et surtout la sainte Communion. Nous vous promettons enfin, ô glorieuse Mère de Dieu et tendre Mère des hommes, de mettre tout notre cœur au service de votre culte béni, afin de hâter, d'assurer, par le règne de votre Cœur Immaculé, le règne du Cœur de votre adorable Fils dans nos âmes et dans toutes les âmes, dans notre cher pays et dans tout l'univers, sur la terre comme au ciel. Ainsi soit-il.

Lumière sur la Vierge Marie mère de Jésus de Nazareth

MESSAGE DE LA SAINTE VIERGE MARIE LE 13 MAI 2013

Dans le combat spirituel, priez les mystères douloureux de mon Saint Rosaire, le chapelet de Précieux-Sang et le Rosaire des Saintes plaies de mon fils.

Appel de la dame de tous les peuples au monde catholique

Petits enfants de mon cœur, que la paix de Dieu soit avec vous tous. La promulgation de mon cinquième dogme sera le début de votre liberté. Mon cinquième dogme est la défaite de mon adversaire ; c'est la raison pour laquelle mes petits-enfants, mon adversaire a mis tant d'obstacles et de barrières contre cette invocation à la Dame de tous les Peuples, sachant que par elle, il sera vaincu. Je vous demande mes enfants, qu'à partir de maintenant, tous vos chapelets incluent ces importantes supplications suivantes en priant pour :

1. La promulgation de mon cinquième dogme marial (Marie Médiatrice, Co-Rédemptrice et avocate, Dame de tous les peuples).
2. La consécration de la Russie à mon Cœur Immaculé.
3. Le pape François et l'Eglise.
4. Le triomphe de mon Cœur Immaculé.

Lumière sur la Vierge Marie mère de Jésus de Nazareth

C'est dans la vallée de Megiddo que votre esclavage trouvera fin ; c'est à cet endroit qu'il aura la bataille finale pour votre liberté et mon adversaire sera vaincu et expulsé avec toutes ses forces du mal de la surface de la terre.

Intensifiez vos prières, plus vous priez de chapelets, plus vous faites des jeûnes, de pénitences et de sacrifices, plus mon adversaire souffrira de défaites. Dans le combat spirituel, faites mon chapelet avec les Mystères Douloureux, le chapelet du Précieux Sang et celui des Saintes Plaies de mon Fils. Ces trois chapelets détruisent les forteresses que mon adversaire a construit dans ce monde et vous libèrent de ses attaques contre votre être : physique, psychique, biologique et spirituel. La prière de ces chapelets libère les âmes tourmentées et leur redonne la paix. Mes petits-enfants, je vous donne cette puissante armure spirituelle, afin que vous soyez libérés des chaînes spirituelles avec lesquelles mon adversaire vous a rendu esclave. Priez avec ces chapelets et les forces du mal seront vaincues ; jeûnez, faites pénitence et recevez autant que vous pouvez, le Corps et le Sang de Mon Fils, afin que vous puissiez être renforcés pour combattre courageusement les attaques de mon adversaire et de ses émissaires du mal. Suivez ces instructions et réalisez-les afin de sortir victorieux de la bataille spirituelle quotidienne. Chaque fois que vous entrez dans la prière contre le combat spirituel, je vous demande de vous joindre spirituellement :

Lumière sur la Vierge Marie mère de Jésus de Nazareth

1. A la Sainte-Trinité (Père, Fils et Saint-Esprit).
2. A mon Cœur Immaculé et à mon très chaste époux Joseph.
3. A votre ange gardien et vos anges protecteurs.
4. A Saint Michel, Saint Gabriel, Saint Raphaël et à toute l'armée Céleste.
5. A l'armée triomphante, réparatrice et militante. (à tous les priants)

Unis dans la prière nous deviendrons la Grande Armée de Dieu pour vaincre mon adversaire et ses forces du mal. Le temps de votre liberté est proche, ne craignez pas : faites votre devoir qui est de prier et le ciel vous donnera la victoire. Continuez ma grande armée Mariale, ne reculez pas d'un pas ! Votre mère et Dame vous guide vers la liberté. Que la paix de Dieu soit avec vous et que ma protection maternelle vous accompagne. Votre Mère, Marie – La Dame de tous les Peuples.

Faire connaitre mes messages à toute l'humanité.

Lumière sur la Vierge Marie mère de Jésus de Nazareth

CHAPELET DES SAINTES PLAIES

Le Chapelet des Saintes Plaies se prie sur un chapelet normal, il est différent du chapelet de cinq plaies. Il permet de méditer sur l'ensemble des plaies qui furent infligées au corps meurtri de notre Seigneur Jésus-Christ (5 480 d'après les révélations de Sainte Brigitte). Par ce chapelet, nous voyons et méditons sur la mort douloureuse du Christ pour nous en rachat de nos péchés.

Ce chapelet est dû à Sœur Marie Marthe Chambon (1841-1907) qui assurait tenir de Jésus les deux invocations qui le compose.

Voici comment réciter ce chapelet:

Sur la croix, on récite la prière suivante:
« O Jésus, divin rédempteur, soyez miséricordieux pour nous et pour le monde entier. Amen.
Dieu Saint, Dieu fort, Dieu immortel, ayez pitié de nous et du monde entier. Amen.
Grâce et miséricorde, mon Jésus, pendant les dangers présents. Couvrez nous de votre sang précieux! Amen.
Père éternel, faites-nous miséricorde par le sang de Jésus-Christ votre Fils unique. Faites-nous miséricorde, nous vous en conjurons. Amen. »

Sur les gros grains:
« Père éternel, je vous offre les Plaies de Notre Seigneur Jésus-Christ. Pour guérir celles de nos âmes. »

Sur les petits grains:
« Mon Jésus, pardon et miséricorde. Par les mérites de vos Saintes Plaies. »

A la fin du chapelet on récite 3 fois:
« Père éternel, faites-nous miséricorde par le sang de Jésus-Christ votre Fils unique. Faites-nous miséricorde, nous vous en conjurons. Amen. »

Acte de Consécration aux saintes plaies de Jésus
Dieu tout puissant qui avez voulu vous incarner,
Sous forme de l'une de vos créatures par amour pour moi.
Afin de supporter l'insupportable,
Je vous consacre ma vie et mon éternité.
Ô Saintes Plaies des Mains de Jésus-Christ,
Je vous consacre mes mains,
Afin de travailler toujours à votre gloire.
Ô Saintes Plaies des Pieds de Jésus-Christ.
Je vous consacre mes pieds,
Afin de marcher toujours à votre suite.
Ô Saintes Plaies du Dos de Jésus-Christ,
Je vous consacre ma chair,
Afin qu'elle soit toujours soumise,
À Votre Très Sainte Volonté.
Ô Saintes Plaies de la Tête de Jésus-Christ.
Je vous consacre mon esprit,
Afin que mon intelligence

Lumière sur la Vierge Marie mère de Jésus de Nazareth

Ne soit pas un obstacle à ma sanctification.
Ô Saintes Plaies du Cœur de Jésus-Christ,
Je vous consacre mon cœur,
Afin que, désormais uni au vôtre,
Il déborde d'amour pour les hommes, mes frères.
Ô Très Précieux Sang de Jésus-Christ,
Je vous consacre tout mon sang,
Afin que désormais ne coule dans mes veines,
Que Foi, Espérance et Charité.

Neuvaine aux Saintes Plaies

O Jésus, toi qui veux nous rappeler la puissance et la richesse de tes saintes Plaies, nous te louons, nous t'adorons, nous te glorifions pour tout ce que tu nous donnes par leurs mérites.

O Jésus, toi qui accordes tout ce qu'on te demande par l'invocation à tes saintes Plaies parce que c'est le mérite de ton Sang qui est d'un prix infini, nous te bénissons, surtout pour ta générosité et ta miséricorde. Nous te remercions pour ton œuvre de Salut et pour ta Passion qui est la plus grande preuve de ton Amour pour nous. Nous te remercions pour tes Plaies qui sont pour ta gloire et la nôtre, et qui illuminent le ciel depuis ta Résurrection.

O Jésus, toi qui nous invites à puiser avec confiance à la source de notre Rédemption: tes Plaies douloureuses et victorieuses qui réparent nos fautes, nous voici, forts de tes promesses, implorant cette faveur que nous te confions (…).
Parce que tu aimes tellement les cœurs purs, nous te promettons d'éviter le péché à partir d'aujourd'hui, de nous convertir et de nous confesser. De toute notre âme, nous t'implorons : «**Mon Jésus, pardon et miséricorde par les mérites de tes saintes Plaies** ».

Accorde-nous le salut qui est notre plus grande guérison. Donne-nous la paix et la joie de te servir toujours, selon ta volonté.

Notre-Dame des Douleurs, toi qui as connu l'amertume des épreuves, toi qui as contemplé les

Plaies de ton Fils Jésus depuis le calvaire, intercède pour nous, apprends-nous à contempler et à apprécier la Fortune incommensurable de ses Plaies.

Père éternel, je t'offre les Plaies de Notre Seigneur Jésus-Christ pour guérir celles de nos âmes.

Un Pater, un Ave, un Gloria pour honorer chacune des cinq Plaies.

Réciter neuf jours consécutifs, se confesser et communier
en l'honneur des saintes Plaies. Répandre cette dévotion.

Lumière sur la Vierge Marie mère de Jésus de Nazareth

CHAPELET DU PRÉCIEUX SANG DE JÉSUS CHRIST

Paroles et promesses du seigneur dieu

(Ces paroles du Christ et de l'Esprit-Saint sont vivantes et s'adressent en temps réel à celui qui récite avec foi cette neuvaine)

Recevez l'Esprit de soumission car Moi-même J'ai été soumis

Recevez l'Esprit d'humilité car Moi-même J'ai été humble

Recevez Mon Esprit et gardez-le.
Le sang d'Abel a crié, mais Mon Sang que J'ai versé est plus fort que le sang d'Abel.
Et Il parle plus fort
Et Il est puissant
Et Il brise le joug de l'ennemi
Et Il renverse les superbes
Et Il donne de la puissance aux humbles et aux petits.
Mon Sang vous délivre. Mon Sang vous délivre de tout ce qui est mauvais

Recevez Mon Sang maintenant. Recevez Mon Sang maintenant.

Recevez Mon Sang maintenant. Recevez Mon Sang maintenant.
Le Sang du Christ vous ramène à Lui ! AMEN !

En effet, l'expérience nous montre que cette prière apporte la protection indispensable contre les forces des ténèbres. Nous ne voyons pas l'invisible, mais la prière au Précieux Sang pose sur nous un bouclier invisible et infranchissable aux esprits mauvais.

Souvenons-nous de cette parole de saint Paul : « Revêtez-vous de toutes les armes de Dieu, afin de pouvoir tenir ferme contre les ruses du diable. Car nous n'avons pas à lutter contre la chair et le sang, mais contre les dominations, contre les autorités, contre les princes de ce monde de ténèbres, contre les esprits méchants dans les lieux célestes. C'est pourquoi, prenez toutes les armes de Dieu, afin de pouvoir résister dans le mauvais jour, et tenir ferme après avoir tout surmonté. » (Eph 6, 10-13)

Chapelet du Précieux Sang de Jésus Christ donné à Barnabas Nwoye du Nigéria. 15/03/97

«Mon fils, priez le Saint Rosaire toujours comme Ma Mère vous l'a demandé. Priez le Saint Chapelet de Mon Précieux Sang immédiatement après avoir prié votre Saint Rosaire. Vous devez faire ça, parce que l'heure de la délivrance est très courte.» (19 Janvier 1997)

« Soyez humble et acceptez la Volonté Divine, vous arriverez au but. Offrez vos familles à mon Précieux Sang. Je les sauverai. Je promets de les convertir à temps avant que le grand châtiment ne vienne. Il y aura paix et amour. Je vous le dis adorez et honorez Mon Précieux Sang. »

Je permettrai à Mon précieux Sang de couler sur le cœur de tous les pécheurs qui seront offerts à mon précieux Sang. Je vous le dis offrez les moi et priez pour eux toujours par l'entremise de mon Précieux Sang. Je détruirai tous les maux dans vos familles. J'ai entendu vos prières.

Réjouissez-vous car votre demande a été accordée. » (25 juillet 1997).

Promesses de notre seigneur à ceux qui dévotement prient le chapelet du précieux sang

1. Je promets de protéger contre les attaques du Malin, toute personne qui prie dévotement ce chapelet.
2. Je garderai ses cinq sens.
3. Je la protégerai contre toute mort subite.
4. Douze heures avant sa mort, elle boira mon Précieux Sang et mangera mon Corps.
5. Vingt-quatre heures avant sa mort, Je lui montrerai mes cinq plaies pour qu'elle puisse avoir une contrition profonde pour ses péchés et en avoir une parfaite connaissance.
6. Toute personne qui fait une neuvaine avec le chapelet verra la réalisation de ses intentions. Sa prière sera exaucée.

7. Je ferai plusieurs miracles merveilleux avec ce chapelet.
8. Par ce chapelet, Je détruirai plusieurs sociétés secrètes et libérerai par ma Miséricorde plusieurs âmes en captivité.
9. Par lui, Je sauverai beaucoup d'âmes du Purgatoire.
10. Je lui montrerai mon chemin, celui qui honore mon Précieux Sang par ce chapelet.
11. J'aurai pitié de ceux qui ont pitié de mes Précieuses Blessures et de mon Précieux Sang.
12. Toute personne qui enseignera cette prière à une autre aura une indulgence de quatre ans.

Chapelet du Précieux Sang
Prière à l'Esprit Saint :

Viens Esprit Saint, remplis les cœurs de tes fidèles et allume en eux de Ton Amour. Envoie Ton Esprit et tout sera créé. Et tu renouvelleras la face de la terre.
L : Prions
Ô Dieu qui a instruit les cœurs de tes fidèles par la lumière de ton Esprit, fais que le même Esprit nous donne le goût et l'amour du bien et qu'il nous remplisse toujours de la joie de ses divines

consolations. Par Jésus Christ Notre Seigneur. Amen
(Baissez la tête) – Que le Précieux Sang qui jaillit de la tête Sacrée de Notre Seigneur Jésus Christ, le Temple de la Divine Sagesse, le Tabernacle de la Divine Connaissance et le Soleil brillant du Ciel et de la Terre, nous couvre maintenant et pour toujours. Amen

L : Ô Très Précieux Sang de Jésus Christ
R : Guérissez les blessures dans le Cœur Très Sacré de Jésus.
Notre Père,… Je vous salue Marie,… (3fois) Gloire au Père…
(Baissez la tête) – Que le Précieux Sang qui jaillit de la tête Sacrée de Notre Seigneur Jésus Christ, le Temple de la Divine Sagesse, le Tabernacle de la Divine Connaissance et le Soleil brillant du Ciel et de la Terre, nous couvre maintenant et pour toujours. Amen

Premier mystère
**On cloue la Main Droite de Notre Seigneur Jésus
(Pause pour une brève méditation)**
Par la précieuse blessure dans votre Main Droite et par la douleur du clou qui perça votre Main droite, que le Précieux Sang qui en jaillit convertisse plusieurs âmes et sauve les pécheurs du monde entier. Amen.

L : Ô Très Précieux Sang de Jésus Christ
R : Guérissez les blessures dans le Cœur Très Sacré de Jésus.
Notre Père,... Je vous salue Marie,... (3fois) Gloire au Père...

L: Précieux Sang de Jésus Christ
R: Sauvez-nous, et le monde entier. (12 fois) Gloire au Père

(Baissez la tête) – Que le Précieux Sang qui jaillit de la tête Sacrée de Notre Seigneur Jésus Christ, le Temple de la Divine Sagesse, le Tabernacle de la Divine Connaissance et le Soleil brillant du Ciel et de la Terre, nous couvre maintenant et pour toujours. Amen

Deuxième mystère
On cloue la Main Gauche de Notre Seigneur Jésus (Pause pour une brève méditation)
Par la Précieuse plaie dans votre Main Gauche et par la douleur causée par le clou qui La perça, que le Précieux Sang qui en jaillit délivre les âmes du Purgatoire et protège les mourants contre les attaques des esprits infernaux.
Amen

L : Ô Très Précieux Sang de Jésus Christ

R : Guérissez les blessures dans le Cœur Très Sacré de Jésus.
Notre Père,... Je vous salue Marie,... (3 fois) Gloire au Père...

L: Précieux Sang de Jésus Christ
R: Sauvez-nous, et le monde entier. (12 fois)
Gloire au Père
(Baissez la tête) – Que le Précieux Sang qui jaillit de la tête Sacrée de Notre Seigneur Jésus Christ, le Temple de la Divine Sagesse, le Tabernacle de la Divine Connaissance et le Soleil brillant du Ciel et de la Terre, nous couvre maintenant et pour toujours. Amen

Troisième mystère
On cloue le Pied Droit de Notre Seigneur Jésus
(Pause pour une brève méditation)

Par la Précieuse Blessure dans Votre Pied Droit et par la douleur du clou qui perça Votre Pied Droit, que le Sang Précieux qui en jaillit couvre les fondations de l'Eglise Catholique contre les plans du Royaume caché et les méchants.
Amen.

L : Ô Très Précieux Sang de Jésus Christ
R : Guérissez les blessures dans le Cœur Très Sacré de Jésus.
Notre Père,... Je vous salue Marie,... (3 fois) Gloire au Père...

L: Précieux Sang de Jésus Christ
R: Sauvez-nous, et le monde entier. (12 fois)
Gloire au Père
(Baissez la tête) – Que le Précieux Sang qui jaillit de la tête Sacrée de Notre Seigneur Jésus Christ, le Temple de la Divine Sagesse, le Tabernacle de la Divine Connaissance et le Soleil brillant du Ciel et de la Terre, nous couvre maintenant et pour toujours. Amen

Quatrième mystère

On cloue le Pied Gauche de Notre Seigneur Jésus
(Pause pour une brève méditation)
Par la Précieuse Blessure dans Votre Pied Gauche et par la douleur du clou qui perça Votre Pied Gauche, que le Précieux Sang qui en jaillit nous protège sur tous nos chemins contre les plans et les attaques des esprits mauvais et leurs agents. Amen

L : Ô Très Précieux Sang de Jésus Christ
R : Guérissez les blessures dans le Cœur Très Sacré de Jésus.
Notre Père,… Je vous salue Marie,… (3 fois) Gloire au Père…

L: Précieux Sang de Jésus Christ
R: Sauvez-nous, et le monde entier. (12 fois)
Gloire au Père

Lumière sur la Vierge Marie mère de Jésus de Nazareth

(Baissez la tête) *– Que le Précieux Sang qui jaillit de la tête Sacrée de Notre Seigneur Jésus Christ, le Temple de la Divine Sagesse, le Tabernacle de la Divine Connaissance et le Soleil brillant du Ciel et de la Terre, nous couvre maintenant et pour toujours. Amen*

Cinquième mystère
On transperce le Coté Sacré de Notre Seigneur Jésus
(Pause pour une brève méditation)

Par la Précieuse Blessure dans votre Côté Sacré et par la douleur de la lance qui perça Votre Côté Sacré, que le Sang Précieux et l'Eau qui en jaillissent, guérissent les malades, ressuscitent les morts, solutionnent nos problèmes actuels et nous montrent la route de notre Dieu vers la gloire éternelle. Amen

L : Ô Très Précieux Sang de Jésus Christ
R : Guérissez les blessures dans le Cœur Très Sacré de Jésus.
Notre Père,… Je vous salue Marie,… (3fois) Gloire au Père…

L: Précieux Sang de Jésus Christ
R: Sauvez-nous, et le monde entier. (12 fois)
Gloire au Père

(Baissez la tête) – Que le Précieux Sang qui jaillit de la tête Sacrée de Notre Seigneur Jésus Christ, le Temple de la Divine Sagesse, le Tabernacle de la Divine Connaissance et le Soleil brillant du Ciel et de la Terre, nous couvre maintenant et pour toujours. Amen
Ô Très Précieux Sang, guérissez nos blessures
Par le Cœur Très Sacré de Jésus. (3 fois)

Salut Ô Reine...

Prions
Ô Sang Très Précieux de Jésus Christ, nous Vous honorons, Vous servons et Vous adorons à cause de votre contrat éternel qui apporte la paix au genre humain. Guérissez les Blessures dans le Cœur Très Sacré de Jésus, consolez le Père Tout-Puissant dans son Trône et lavez les péchés du monde entier. Que tous Vous révèrent, Ô Précieux Sang, ayez pitié de nous. Amen.

Lumière sur la Vierge Marie mère de Jésus de Nazareth

GRANDE NEUVAINE AU TRES PRECIEUX SANG DE JESUS-CHRIST

L'histoire de l'Eglise, c'est l'histoire du Précieux Sang de Jésus Christ. *"C'est par Lui, et non par le sang des taureaux et des boucs, que nous avons été rachetés; c'est par Son propre Sang que le Christ est entré une fois pour toutes dans le Saint des Saints, après avoir acquis une rédemption éternelle,"* déclare saint Paul, le premier docteur du Précieux Sang. Aussi est-ce à bon droit que la liturgie sacrée célèbre le Précieux Sang durant tout le cours de l'année. Par le sacrifice des autels, Notre Seigneur Jésus-Christ ne cesse de répandre Sa vertu purificatrice sur le monde, criant non vengeance, mais miséricorde. Il étouffe la voix des crimes des pécheurs et change les foudres vengeresses en pluie de grâces.

Incomparable Victime préparée par l'Eternel, l'Enfant-Dieu commence Sa mission de Rédempteur au jour de la **Circoncision. Au jardin des oliviers, la terre est arrosée de la sueur de Son sang** adorable. Au prétoire, ce ne sont plus des gouttes, mais des ruisseaux de sang qui coulent de tout Son corps, sous les coups redoublés de la **flagellation.** Sa tête n'est pas épargnée, les épines qui y sont enfoncées l'inondent et l'empourprent de Son Sang. **Dans les sentiers du Calvaire,** tous les pas du Rédempteur sont marqués par des traces de sang. Ce Précieux Sang jaillit encore avec effusion au moment où les soldats Lui arrachent violemment Ses habits collés à Ses plaies. Lorsque Ses pieds et Ses mains **sont percés par de gros clous qui fixent Son Saint Corps à la croix**, quatre fleuves de sang fécondent la terre desséchée et maudite par le péché. **Avec le coup de lance**, une nouvelle plaie s'ouvre encore et laisse sortir la dernière goutte de sang des veines de notre très doux Sauveur.

Rachetés à un si haut prix, ne nous rendons plus esclaves des créatures, n'effaçons pas les marques d'une si glorieuse servitude. Puisqu'Il a racheté notre vie si chèrement, consacrons-la toute entière au service de ce Dieu d'amour et ne rompons pas un marché qui nous est si avantageux. Lorsque le prêtre offre ce Précieux Sang sur l'autel, entourons-le de nos plus respectueux hommages. Chaque jour, à chaque messe, le prêtre prononce ces paroles de la consécration du calice: **«Ceci est le calice de Mon Sang qui sera versé pour vous et pour beaucoup en rémission des péchés»**. Par ces paroles, le prêtre rappelle la valeur expiatoire du Sang de Jésus et il suggère la triste réalité du refus de la grâce du très précieux Sang de Notre Seigneur.

En effet, le Sang de Jésus a une valeur universelle pour effacer les péchés de tous les hommes de tous les temps : **c'est le rachat de tous les hommes par le Sang de Jésus**.

En droit, Notre Seigneur a payé la dette qui découle des péchés de tous les hommes et c'est dans ce sens que nous pouvons affirmer qu'Il a versé son Sang pour tous les hommes. Mais ce rachat **doit être ensuite accepté par chaque homme en particulier**, et c'est toute la doctrine de l'application à chaque âme de la valeur expiatoire universelle du Sang de Jésus.

Cette application nécessite une adhésion volontaire pour recevoir toute l'efficacité du très précieux Sang. Saint Augustin le résume de façon admirable en disant : *«Dieu qui t'a racheté sans toi, ne te sauvera pas sans toi».*

Le rachat par le Sang du Christ est universel et **indépendant de notre volonté** tandis que le salut par ce même Sang n'est pas universel **et il dépend de notre bonne volonté**.

En effet, il y a eu des hommes, il y a des hommes et il y aura encore des hommes qui ne veulent pas du salut offert par le Sang de Notre Seigneur. Rachetés par le Sang du Christ, ils refusent d'être aussi sauvés par ce Sang. Et c'est pourquoi dans les paroles de la consécration du calice, le prêtre ne dit pas que le Sang du Christ est **versé pour tous**, mais seulement **pour beaucoup**.

L'application de la vertu universelle du Sang de Jésus à chaque âme se fait tout spécialement par la fréquentation des sacrements et en particulier par la réception du baptême et de la pénitence.

Celui qui refuse **le Sacrement de Baptême** refuse que la vertu du très Précieux Sang lui soit appliquée : racheté par le Sang du Christ, il ne pourra pas être sauvé contre son gré par le Sang du Christ. Le

Sang du Christ doit couler sur chaque âme afin qu'elle soit sauvée.

Le Sacrement de Réconciliation a été institué pour ôter le principal obstacle au salut : le péché mortel. Or c'est le Sang de Jésus qui efface le péché. Donc celui qui refuse le Sang de Jésus ne pourra pas être délivré du péché mortel ; il ne pourra pas être sauvé. Et c'est pourquoi, le Sacrement de Réconciliation est appelé la seconde planche de salut, la première étant le Sacrement de Baptême. Chaque fois qu'une âme reçoit l'absolution sacramentelle, elle se plonge dans le Sang de Jésus.

Aimons donc le Saint Sacrifice de la Messe qui met à notre disposition le Sang de Jésus, sans lequel il n'y a de salut pour personne ! Et à chacune de nos confessions, pensons à ce Sang qui nous purifie de nos péchés et nous délivre du Mal. Amen !
Cette Neuvaine au Précieux Sang est puissante ! Que le Sang-Précieux de Jésus-Christ nous garde et nous protège tous, aujourd'hui et à jamais! Amen

Prières de chaque jour de la neuvaine :

Appel à l'Esprit-Saint, invocation ou chant à l'Esprit-Saint.
Credo, Notre Père, Je Vous salue Marie, Gloire au Père

Actions de grâces et Louanges avec cette prière : O Sang Très Précieux de Notre Seigneur Jésus-Christ, source de la vie éternelle, prix et rançon de l'univers, bain sacré de nos âmes, qui défendez sans cesse la cause des hommes près du Trône de la Suprême Miséricorde, je vous adore profondément.

Prière donnée par Jésus à Maria Valtorta :
Très Saint Sang qui jaillis pour nous des veines du Dieu fait homme, descends sur le monde, comme une rosée rédemptrice sur la Terre contaminée et sur les âmes que le péché rend semblables à des lépreux.
Voilà : je t'accueille, Sang de mon Jésus, et je te répands sur l'Eglise, sur le monde, sur les pécheurs, sur le purgatoire. Aide, réconforte, purifie, allume, pénètre et féconde, O ! Très divin Suc de Vie. Et que pour le petit nombre de ceux qui t'aiment, pour le nombre infini de ceux qui meurent sans toi, accélère et répands sur tous cette très divine pluie afin qu'on vienne à toi confiant en la vie, que par toi on soit pardonné dans la mort, qu'avec toi on entre dans la gloire de ton royaume. Ainsi soit-il

Premier jour de la neuvaine
Abraham, le Père des croyants fait une révélation prophétique à son fils : *"Dieu se pourvoira lui-même de l'Agneau pour l'holocauste"* (Genèse 22, 6-14). Abraham prophétisait déjà le sacrifice de Jésus, qui est l'Agneau pour l'holocauste véritable. Le

sacrifice d'Isaac préfigure celui de Jésus-Christ, qui sont tous les deux, fils bien-aimés de leur père, fils de l'Ancienne Alliance avec les Juifs et de la Nouvelle Alliance avec l'humanité. Les deux fils seront tous deux chargés du bois de l'holocauste et conduits sur une montagne. Extrait du Chapelet du Très Précieux Sang :

En l'honneur de la première effusion du Sang de Jésus : **La Circoncision,** Père Eternel, par les mains immaculées de Marie et le Divin Cœur de Jésus, je t'offre les premières plaies, les premières douleurs et la première effusion de sang versé par Jésus pour expier les péchés de l'homme, de la jeunesse, les miens, et pour le renoncement aux premiers péchés mortels, surtout dans ma parenté.

Prières de chaque jour de la neuvaine :

Deuxième jour de la neuvaine

Les lectures : (Exode 12, 1-14 et 21-27), relatent les consignes que donne le Seigneur à son serviteur Moïse pour l'immolation de l'agneau de la Pâque des Juifs. *"Ce sera un agneau mâle, sans défaut et sans tâche...immolé entre deux soirs...on la mangera avec des pains sans levain et des feuilles amères...le sang vous servira de signe...vous prendrez un bouquet d'hysope...vous conserverez le souvenir de ce jour et vous le célébrerez pour une fête en l'honneur de l'Eternel, comme une loi perpétuelle pour vos descendants."*

Jésus est **l'Agneau pascal, sans défaut et sans tâche,** car sans péché…c'est l'Agneau **immolé** à quelques heures du Sabbat des juifs qui était tout proche **(entre deux soirs)**…La communion (l'Hostie) est du **pain sans levain**, et les **feuilles amères** rappellent l'acidité du vinaigre donné à Jésus sur une **branche d'hysope**…Il y a aussi la même consigne donnée par le Seigneur à ces disciples comme celle donnée à Moïse : "*ceci est le Sang de **l'Alliance nouvelle et éternelle**, vous ferez cela en mémoire de Moi*" (Jn 6, 47-58).

En l'honneur de la deuxième effusion du Sang de Jésus : **L'Agonie au jardin de Gethsémani,** Père Eternel, par les mains immaculées de Marie et le Divin Cœur de Jésus, je t'offre les douleurs horribles du Cœur de Jésus au jardin des Oliviers, et chaque goutte de sa sueur de sang pour expier tous les péchés de cœur, les miens, pour le renoncement à de tels péchés et pour l'accroissement de l'amour de Dieu et du prochain.

Prières de chaque jour de la neuvaine :

Troisième jour de la neuvaine
Moïse (Exode 24, 1-11) dresse *"l'autel et immole les taureaux en sacrifice d'action de grâces, fait la lecture du Livre de l'Alliance, et présente le sang comme celui de l'alliance avec l'Eternel"*. Cette scène préfigure l'Eucharistie qui signifie "action de

grâces" où se déroulent à la fois la Liturgie de la Parole et l'Eucharistie, et où Jésus présente son Sang comme celui de l'Alliance nouvelle et éternelle.

En l'honneur de la troisième effusion du Sang de Jésus : **La Flagellation,** Père Eternel, par les mains immaculées de Marie et le Divin Cœur de Jésus, je t'offre les milliers de plaies, les douleurs cruelles et le précieux Sang de Jésus lors de sa flagellation, pour tous les péchés de la chair, les miens, pour le renoncement à de tels péchés et pour la conservation de l'innocence, surtout dans ma parenté.

Prières de chaque jour de la neuvaine :

Quatrième jour de la neuvaine

Jésus parle de son Corps et de son Sang (Jn. 6, 47-58), sources de salut éternel. Aux Juifs, en Egypte, le sang a servi de **signe** sur les maisons pour leur salut devant le passage de l'ange destructeur envoyé par l'Eternel pour frapper. Jésus, quant à lui, est "le **signe** qu'il donne pour cette génération qui lui demandait un **signe**, comme Jonas a été un signe de conversion pour les habitants de Ninive". (Lc. 11, 29-32). Comme Jonas, également, demeuré pendant trois jours dans le ventre de la baleine, le Christ englouti dans le ventre de la terre, après avoir versé son Sang, demeure pour nous un **signe de conversion et de salut**.

En l'honneur de la quatrième effusion du Sang de Jésus : **Le Couronnement d'épines**, Père Eternel, par les mains immaculées de Marie et le Divin Cœur de Jésus, je t'offre les plaies, les douleurs et le précieux Sang de la tête sainte de Jésus lors de son couronnement d'épines, pour expier tous les péchés d'esprit de l'homme, les miens, pour le renoncement à de tels péchés et pour l'extension du règne du Christ sur la terre.

Prières de chaque jour de la neuvaine :

Cinquième jour de la neuvaine :
Matthieu (26, 26-36), présente l'institution de la Sainte Cène, où Jésus inaugure l'Eucharistie: après avoir rendu grâces, il présente son Sang qui est le *"Sang de l'Alliance répandu pour beaucoup, pour la rémission des péchés".*

En l'honneur de la cinquième effusion du Sang de Jésus : **Le Portement de la Croix,** Père Eternel, par les mains immaculées de Marie et le Divin Cœur de Jésus, je t'offre les douleurs de Jésus sur le chemin de Croix, surtout sa sainte plaie de l'épaule, le Précieux Sang pour alléger le poids de la Croix, mes murmures contre les saintes ordonnances, tous les péchés commis, pour le renoncement à de tels péchés et pour un véritable amour à la Sainte Croix.

Prières de chaque jour de la neuvaine :

Sixième jour de la neuvaine :
Jean (19, 17-36) nous présente la Passion du Christ, avec Jésus qui est chargé de sa Croix. C'est

l'accomplissement de la Parole proclamée depuis des millénaires par les Patriarches et les prophètes, quand Jésus dit : *"tout est accompli et il rendit l'esprit"*. Cependant il restait un dernier grand acte pour que le rachat se fasse totalement, il manquait l'élément le plus important : **il fallait que le Sang Précieux de l'Agneau Pascal coule.** Sans le savoir, ce soldat, par son geste, a fait couler ce **Sang Précieux** sur notre terre maudite après le péché d'Adam, assurant ainsi notre salut véritable. *"Il sortit alors du sang et de l'eau. Ces choses sont arrivées afin que **l'Ecriture fût accomplie »***

En l'honneur de la sixième effusion du Sang de Jésus : **le Crucifiement**, Père Eternel, par les mains immaculées de Marie et le Divin Cœur de Jésus, je t'offre ton Divin Fils, cloué et élevé sur la Croix, ses plaies aux mains et aux pieds et tout Son Précieux Sang versé pour nous, son Extrême pauvreté, son obéissance parfaite, toutes les affres de son Corps et de son Âme, sa précieuse mort et son mémorial non sanglant dans toutes les Saintes Messes de la terre, pour expier toutes les atteintes aux vœux et aux saintes institutions, en satisfaction de mes péchés et ceux du monde entier, pour les malades et les mourants, pour obtenir de saints prêtres et laïcs, aux intentions du Saint Père, pour la restauration de la famille chrétienne, pour fortifier et encourager la foi, pour notre pays, pour l'unité des peuples dans le Christ et

Son Eglise, ainsi que dans tous les pays où les Chrétiens sont en minorité.

Prières de chaque jour de la neuvaine :

Septième jour de la neuvaine :

Esaïe (dans son chapitre 53), prophétise sur cette passion du Christ, un Christ défiguré :
« *Méconnaissable, portant nos souffrances...l'Eternel fait tomber sur Lui nos iniquités...semblable à un agneau qu'on mène à la boucherie...qui a livré sa vie en sacrifice pour le péché, acte qui nous a apporté le salut* ».

Dans (1 St Pierre 1, 17-21), *l'Apôtre confirme que "nous avons été rachetés par le Sang Précieux de Jésus-Christ, agneau sans défaut et sans tâche"*.

En l'honneur de la septième effusion du Sang de Jésus : **Le Percement du Cœur par la lance du soldat**, Père Eternel, accepte, pour le besoin de la Sainte Eglise et en expiation des péchés des hommes, ces précieux dons, **Eau et Sang**, jaillis de la plaie du Divin Cœur de Jésus :

- **Sang du Christ**, dernier contenu de Ton Sacré Cœur, lave moi et purifie-moi de tous mes Péchés Coupables...

- **Eau du côté du Christ**, lave moï et purifie-moi de mes premiers péchés et sauve-moi, ainsi que toutes les pauvres âmes, des flammes du purgatoire.

Prières de chaque jour de la neuvaine :

Huitième jour de la neuvaine :

La lecture (d'Hébreux 9, 1-28), rappelle toute l'historique des deux Alliances (ancienne et nouvelle) et les ordonnances liées au culte : il fallait un sacrificateur et une victime expiatoire, et le sang de cette victime (un agneau sans tâche, un agneau sans défaut). *« C'est par le Sang de Jésus, et non par le sang des taureaux et des boucs, que nous avons été rachetés; c'est par Son propre Sang que le Christ est entré une fois pour toutes dans le Saint des Saints, après avoir acquis une rédemption éternelle. Il est impossible que le sang des taureaux et des boucs ôte les péchés, et tandis que "tout sacrificateur fait chaque jour le service et offre souvent les mêmes sacrifices, qui ne peuvent jamais ôter les péchés, **Lui**, après avoir offert un seul sacrifice pour les péchés, s'est assis pour toujours à la droite de Dieu ».* (Hébreux 10, 11-12). Jésus est à la fois le sacrificateur et la victime. Il est le seul Sacrificateur saint qui peut entrer dans le Saint des Saints, car **Il est Homme et Dieu**, c'est lui seul qui pouvait être l'Agneau sans tâche, car aucun sang d'animal ne pouvait ôter le péché, et aucun homme (simple) ne pouvait tout autant ôter le péché ; il fallait que cet homme soit pur, sans péché… Il n'existe aucun homme sur terre sans péché (ou saint). L'unique solution ne pouvait venir que de Jésus, **le seul homme saint, car il est Dieu. Et il est**

Homme. C'est Lui, l'unique Agneau sans tâche et sans défaut, qui pouvait enlever le péché du monde. Et par amour pour nous et par obéissance à Son Père, il se livre en sacrifice.

La Parole dit : " *C'est pourquoi Christ, entrant dans le monde, dit: Tu n'as voulu ni sacrifice ni offrande, Mais tu m'as formé un corps; Tu n'as agréé ni holocaustes ni sacrifices pour le péché. Alors j'ai dit: Voici, je viens (Dans le rouleau du livre il est question de moi) pour faire, ô Dieu, ta volonté. Après avoir dit d'abord: Tu n'as voulu et tu n'as agréé ni sacrifices ni offrandes, ni holocaustes ni sacrifices pour le péché (ce qu'on offre selon la loi), il dit ensuite: Voici, je viens Pour faire ta volonté. Il abolit ainsi la première chose pour établir la seconde.*" (Hébreux 10, 5-9 et Psaume 40 (39), 7-9)

0 Sang très précieux, source de la vie éternelle, prix et rançon de l'univers, bain sacré de nos âmes, qui défendez sans cesse la cause des hommes près du trône de la suprême miséricorde, je vous adore profondément. Je voudrais, s'il était possible, compenser les injures et les outrages que vous recevez continuellement de la part des hommes, et surtout de la part de ceux qui osent blasphémer. Qui pourrait ne pas bénir ce Sang d'une valeur infinie, ne pas être enflammé d'amour pour Jésus qui l'a répandu ?

Que serais-je devenu, si je n'avais été racheté par ce Sang Divin, que l'amour a fait sortir jusqu'à la dernière goutte des veines de mon Sauveur ? O amour immense, qui nous avez donné ce baume salutaire ! O baume inestimable, qui provenez de la source d'un amour infini ! Je vous en conjure, que tous les cœurs et toutes les langues vous louent, vous bénissent et vous rendent grâce, maintenant, toujours.

Prières de chaque jour de la neuvaine :
Neuvième jour de la neuvaine :

Les lectures (Apocalypse St Jean 5, 1-10 et Apocalypse 7, 9-17) proclament l'Agneau immolé, Jésus-Christ, comme le *« seul digne de prendre le Livre et d'en ouvrir les sceaux, car il a racheté les hommes par son Sang versé. Et pour cela, Dieu l'a élevé en gloire et toutes les créatures qui sont dans le ciel, sur la terre, sous la terre, sur la mer, et tout ce qui s'y trouve, disent: A celui qui est assis sur le trône, et à l'Agneau, soient la louange, l'honneur, la gloire, et la force, aux siècles des siècles! »*

Et avec eux, établis dans cette gloire, se trouve *« la foule des saints, revêtus de robes blanches... ils ont lavé leurs robes, et ils les ont blanchies dans **le Sang de l'Agneau**... Ils n'auront plus faim, ils n'auront plus soif.» (Jn. 6,54)*.

C'est la promesse que notre Seigneur et notre Dieu fait aussi à chacun de nous.
Que son Sang précieux (qui est le Sang de Dieu fait Homme) nous garde et nous protège!
Que Son Sang Précieux nous délivre du Mal !
Amen !

Prière de Consécration au Précieux Sang de Jésus-Christ

Jésus, mon Seigneur et mon Dieu, je me consacre à la toute-puissance de Votre Précieux Sang. Je viens me réfugier dans Vos Saintes Plaies afin que, par Votre Passion et par Votre Croix, je vienne épouser tout de Vous et m'offrir sans retenue à Votre Sainte Volonté, afin que mes blessures se noient en Vos plaies, et que Vos souffrances, **Jésus**, trouvent apaisement et reconnaissance en mon Cœur. Que chaque instant de mon existence et celle de mes proches soit sous la protection de Votre Sang Précieux. Que mes pas s'harmonisent à Vos pas afin que Votre Amour jaillisse de mon Cœur comme il a été offert au monde du haut de la Croix.

Seigneur Jésus, je Vous aime, je crois en Vous, j'ai confiance en Vous. **Amen !**

Prières de chaque jour de la neuvaine :
Litanies du Précieux Sang de Jésus Christ

(Cette Litanie fut rédigée sur l'ordre du Saint-Père Jean XXIII par la Congrégation des Rites. Elle est particulièrement recommandée à l'usage de tous les fidèles).

Seigneur, ayez pitié de nous
Jésus Christ, ayez pitié de nous
Seigneur, ayez pitié de nous
Jésus Christ, écoutez-nous
Jésus Christ, exaucez-nous

Père Céleste, qui Êtes Dieu, ayez pitié de nous
Fils Rédempteur du monde, qui Êtes Dieu, ayez pitié de nous
Esprit Saint, qui Êtes Dieu, ayez pitié de nous
Trinité Sainte, qui Êtes un seul Dieu, ayez pitié de nous,
Sang du Christ, Verbe de Dieu, fait homme, ayez pitié de nous
Sang du Christ, alliance nouvelle et éternelle, ayez pitié de nous
Sang du Christ, qui coula au Jardin des Oliviers, ayez pitié de nous
Sang du Christ, qui fut versé à la Flagellation, ayez pitié de nous
Sang du Christ, qui jaillit au Couronnement d'épines, ayez pitié de nous
Sang du Christ, qui fut versé sur la Croix, ayez pitié de nous
Sang du Christ, rançon de notre salut, ayez pitié de nous
Sang du Christ, sans lequel il n'est point de Pardon, ayez pitié de nous
Sang du Christ, breuvage Eucharistique, ayez pitié de nous
Sang du Christ, fleuve de Miséricorde, ayez pitié de nous
Sang du Christ, victoire sur les démons, ayez pitié de nous
Sang du Christ, force des martyrs, ayez pitié de nous

Sang du Christ, soutien des confesseurs, ayez pitié de nous

Sang du Christ, source vivifiante de pureté, ayez pitié de nous

Sang du Christ, soutien de ceux qui sont en péril, ayez pitié de nous

Sang du Christ, secours de ceux qui pleurent, ayez pitié de nous

Sang du Christ, espérance des pénitents, ayez pitié de nous

Sang du Christ, réconfort des agonisants, ayez pitié de nous

Sang du Christ, Paix et Joie des cœurs, ayez pitié de nous

Sang du Christ, gage de la Vie future, ayez pitié de nous

Sang du Christ, délivrance des âmes du Purgatoire, ayez pitié de nous

Sang du Christ, digne de toute gloire et de toute louange, ayez pitié de nous,

Agneau de Dieu, qui enlevez le péché du monde, exaucez-nous Seigneur

Agneau de Dieu, qui enlevez le péché du monde, délivrez-nous Seigneur

Agneau de Dieu, qui enlevez le péché du monde, ayez pitié de nous Seigneur,

Vous nous avez rachetés, Seigneur par Votre Précieux Sang,

Vous nous avez rendus héritiers du Royaume de Dieu. Dieu Tout Puissant et Eternel, qui avez envoyé Votre Fils unique pour sauver le monde, et nous avez réconciliés avec Vous par l'Offrande de Son Précieux Sang, nous Vous prions de nous accorder la Grâce de vénérer dignement ce qui fut le prix de notre salut et d'être protégés, par les Mérites de ce Précieux Sang, des adversités de cette vie, afin que nous puissions jouir éternellement de Vos Bienfaits dans le Ciel.
Par Jésus Christ notre Seigneur. Amen.

Prière au Précieux Sang :
Recevez l'Esprit de soumission car Moi-même J'ai été soumis
Recevez l'Esprit d'humilité car Moi-même J'ai été humble
Recevez Mon Esprit et gardez-le.
Le sang d'Abel a crié, mais Mon Sang que J'ai versé est plus fort que le sang d'Abel.
Il parle plus fort. Il est puissant. Il brise le joug de l'ennemi. Il renverse les superbes.
Et Il donne de la puissance aux humbles et aux petits.
Mon Sang vous délivre de tout ce qui est mauvais.
Recevez Mon Sang maintenant !
Le Sang du Christ vous ramène à Lui ;
Le Sang du Christ vous restaure ;

Lumière sur la Vierge Marie mère de Jésus de Nazareth

Le Sang du Christ vous attache au Christ ;
Le Sang du Christ vous donne la résurrection ;
Le Sang du Christ vous apporte la grâce de vivre en Son Nom ;
Le Sang du Christ vous apporte la grâce de vivre au Nom de Dieu, le Père Tout Puissant ;
Le Sang du Christ vous accompagne. Le Sang du Christ vous protège.
Le Sang du Christ anéantit, casse et brise vos chaînes.
Le Sang du Christ déterre vos vies. Le Sang du Christ restaure vos vies.
C'est par la voix de votre Sang, ô Jésus, que je viens vous presser, vous solliciter, vous importuner. Vous qui entendez mes supplications, je ne quitterai point vos pieds sanglants que vous ne m'ayez exaucé. Trop de grâces, trop de miséricordes ont jailli de vos plaies pour que je n'espère pas jusqu'à la fin en l'efficacité du Sang qui en découle.
O Jésus, par votre Sang sept fois répandu, par chacune des gouttes du prix sacré de ma rédemption, par les larmes de votre Mère Immaculée, je vous en conjure, je vous en supplie, exaucez mon instante prière. (On spécifie ici la demande)
O vous qui, aux jours de votre vie mortelle, avez consolé tant de souffrances, guéri tant d'infirmités, relevé tant de courages, n'aurez-vous pas pitié d'une

âme qui crie vers Vous du fond de ses angoisses? Oh! non, cela est impossible! Encore un appel de mon cœur et, de la plaie du vôtre, ô Jésus, va s'échapper, dans un flot de Sang miséricordieux, la grâce tant désirée! Ô Jésus, hâtez le moment où vous changerez mes pleurs en allégresse, mes gémissements en actions de grâces.

O Marie, Source du Sang divin, je vous en conjure, ne laissez pas perdre cette occasion de faire glorifier le Sang qui vous a faite Immaculée. Amen.

Nous vous en supplions, Seigneur, secourez vos serviteurs que vous avez rachetés par votre Sang Précieux.

Prière quotidienne au Précieux Sang :

C'est par la voix de votre Sang, **ô Seigneur Jésus** que je viens vous presser, vous solliciter, vous importuner…Trop de grâces, trop de miséricordes ont jailli de vos plaies pour que je n'espère pas jusqu'à la fin en l'efficacité du Sang qui en découle! Donc, ô **Jésus**, par votre Sang sept fois répandu - par chacune des gouttes du Prix sacré de ma rédemption, - par les larmes de votre Mère Immaculée, je vous en conjure, je vous en supplie, exaucez mon instante prière (dire maintenant vos intentions de prière au Seigneur Jésus, en invoquant la puissance de son Précieux Sang…).

O vous qui, aux jours de votre vie mortelle, avez consolé tant de souffrances, guéri tant d'infirmités, relevé tant de courages, ayez pitié de moi!

O Jésus, hâtez le moment où vous changerez mes pleurs en allégresse, mes gémissements en actions de grâce.

Consécration au Précieux Sang de Jésus Christ

Miséricordieux Jésus, conscient de mon néant et de la Grandeur Divine, je me jette à Vos Pieds pour Vous remercier des nombreuses Grâces que Vous m'avez accordées, particulièrement celles de m'avoir délivré, par la Vertu de Votre Précieux Sang, du pouvoir néfaste de Satan.

En présence de la Vierge Marie, ma Mère, de mon Saint Ange Gardien, de mes Saints Patrons et de toute la Cour Céleste, je me consacre librement et d'un cœur sincère à Votre Sang Précieux, ô Jésus, au moyen duquel Vous avez sauvé le monde du péché, de la mort et de l'enfer.

Je Vous promets, avec le secours de Votre Sainte Grâce, de susciter et de répandre de toutes mes forces et selon mes moyens, la dévotion à Votre Précieux Sang, gage de notre salut, afin que Votre Sang Adorable soit honoré et glorifié.

Je voudrais, par ce moyen, réparer mes infidélités envers Votre Précieux Sang, signe de Votre Amour, et faire amende honorable pour les nombreuses profanations des hommes à l'égard de Votre Sang Rédempteur.

Ne Vous souvenez plus de mes propres péchés, de mes froideurs et de mes ingratitudes. C'est pourquoi je Vous offre, ô Jésus, l'Amour, la Vénération et l'Adoration de votre très Saint Mère, de Vos disciples fidèles et de tous les Saints à l'égard de Votre Précieux Sang.

Je Vous supplie de ne plus Vous souvenir de mes infidélités et froideurs passées et de pardonner à tous ceux qui Vous ont offensé. Aspergez-moi, ô mon Divin Sauveur, ainsi que tous les hommes, de Votre Précieux Sang, afin que désormais, nous Vous aimions de tout notre cœur, ô Amour Crucifié, et vénérions en tout temps dignement le prix de notre salut. AMEN.

Prière au Précieux Sang
(Cahiers de Maria Valtorta, 1943, p. 112)
Prière donnée par Jésus :
Très Saint Sang qui jaillis pour nous des veines du Dieu fait homme, descends sur le monde, comme une rosée rédemptrice sur la Terre contaminée et sur les âmes que le péché rend semblables à des lépreux.

Lumière sur la Vierge Marie mère de Jésus de Nazareth

Voilà : je t'accueille, Sang de mon Jésus, et je te répands sur l'Eglise, sur le monde, sur les pécheurs, sur le purgatoire. Aide, réconforte, purifie, allume, pénètre et féconde, O ! Très divin Suc de Vie. Et que pour le petit nombre de ceux qui t'aiment, pour le nombre infini de ceux qui meurent sans toi, accélère et répands sur tous cette très divine pluie afin qu'on vienne à toi confiant en la vie, que par toi on soit pardonné dans la mort, qu'avec toi on entre dans la gloire de ton royaume. Ainsi soit-il

Lumière sur la Vierge Marie mère de Jésus de Nazareth

BIOGRAPHIE DE MARIE D'APRES LES VISIONS DE MARIE D'AGREDA (1602-1665)

Marie nait de Saint Joachim et de sainte Anne qui avait alors 44 ans le 05 Août de l'année -16 (révélation de Medjugorje). Elle entre au Temple à 3 ans et elle se marie le jour de ses 14 ans à Saint Joseph qui a alors 33 ans. L'Annonciation aura lieu 6 mois et 17 jours plus tard un 25 Mars. Jésus nait, Marie a alors 15 ans. A 33 ans, Marie s'arrête de vieillir, elle a 47 ans à la mort de Jésus. Elle monte au ciel à Jérusalem à 62 ans.

Lumière sur la Vierge Marie mère de Jésus de Nazareth

Table des Matières

Dédicace iii

Note de l'Auteur 1

Marie le Grand Mystère de l'Humanité 2

Mission de Marie 3

Marie est notre mère à tous 8

Marie et l'Esprit Saint quel couple! 9

La dévotion à la Sainte Vierge 12

Polémique autour de la Sainte Vierge Marie 20

A l'école de Marie 26

Le Saint Rosaire 30

Les promesses du Saint Rosaire 36

Quelques prières à la Sainte Vierge Marie 40

La consécration au Cœur Immaculé de Marie 43

Message de la sainte vierge marie le 13 mai 2013. 47

Chapelet des Saintes Plaies de Jésus-Christ 50

Chapelet de Précieux Sang de Jésus-Christ 54

Grande Neuvaine au Précieux Sang de Jésus 64

Lumière sur la Vierge Marie mère de Jésus de Nazareth

Biographie de marie d'après les visions de marie d'Agreda (1602-1665)...........................88

Oui, je veux morebooks!

I want morebooks!

Buy your books fast and straightforward online - at one of the world's fastest growing online book stores! Environmentally sound due to Print-on-Demand technologies.

Buy your books online at
www.get-morebooks.com

Achetez vos livres en ligne, vite et bien, sur l'une des librairies en ligne les plus performantes au monde!
En protégeant nos ressources et notre environnement grâce à l'impression à la demande.

La librairie en ligne pour acheter plus vite
www.morebooks.fr

OmniScriptum Marketing DEU GmbH
Heinrich-Böcking-Str. 6-8
D - 66121 Saarbrücken
Telefax: +49 681 93 81 567-9

info@omniscriptum.com
www.omniscriptum.com

www.ingramcontent.com/pod-product-compliance
Lightning Source LLC
Chambersburg PA
CBHW031321150426
43191CB00005B/286